行政規制執行改革論

西津政信 著

信山社

序

　本書は，筆者が前著『間接行政強制制度の研究』の刊行後，国土交通省を退官し，アカデミック・キャリアに転じた2007年度以降に学会誌等において発表した，行政規制執行改革，なかんずく，行政代執行及び直接強制により構成され，行政強制制度の2本柱をなす「直接行政強制制度」に関する一連の研究論文を，最新の関連情報及び今般の東日本大震災における行政規制のあり方についての考察を中心にさらに加筆・修正したものである。本書各章の概要は，次のとおりである。

　第1章では，行政代執行法が制定・施行された1948年以降，既に63年間も継続しているわが国の行政強制法制の不備状況とこれに起因する規制執行行政機関の行政指導への過度の依存体質（いわゆる「インフォーマル志向」）を「行政強制消極主義」と捉え，その形成に至るプロセスと行政法学の関わりを考察する。併せて，比例原則及び基本権保護義務論に立脚してこのような状況についての法的評価を行い，その是正に向けた立法及び行政改革に係る方策を提言した。本章は，本書の各章を通底する基本的問題認識を集約するものと位置づけている。

　第2章では，行政上の緊急措置に関連する重要判例として，行政法学上引用されることの多い最判平成3・3・8民集45巻3号164頁（浦安鉄杭撤去事件）の事例を取り上げてその事実関係を調査し，比例原則に立脚した踏み込んだ法的分析を行った。この法的考察を踏まえ，個別の行政規制違反事案に応じて比例原則上最適な義務履行強制を実現するためには，先行研究によって明らかにされている，わが国規制執行行政機関のインフォーマル志向を是正すべく，行政機関に複数の強制執行手段の選択肢を付与

する行政強制制度の大幅な拡充とその運用を統制する比例原則の実定化を提言した。また，補論として，福島第一原発事故に伴い実施された政府による周辺住民避難措置を取り上げ，比例原則による法的評価について考察した。

第3章では，従来から機能不全が指摘されている，わが国の行政代執行制度の改善に資するため，まず「ミクロ比較法」的アプローチにより，連邦及び各州で多様な立法例を実現し，わが国よりもはるかに実効的に制度が活用されていることが窺えるドイツの行政代執行制度の制度内容を文献調査により明らかにした。さらに，わが国の主要地方公共団体へのアンケート調査によって，規制執行行政実務のニーズを踏まえた制度改善方向の提示とその実効性に関する予測評価を把握した。以上により，ドイツの法制度を範型とするわが国行政代執行制度の改善により，その積極的活用が促進され，行政強制の実効性が向上するという仮説の実証的な検証を試みた。

第4章では，行政強制制度の3本柱の一つでありながら，戦前におけるその「濫用」や「人権侵害」のゆえに，戦後ながらくタブー視されてきた行政上の直接強制制度を取り上げる。この制度について，第1章で考察した法的評価に立脚して，第3章と同様の「ミクロ比較法」的アプローチにより，わが国の戦前・戦後にわたる同制度導入の歴史的沿革及び少数の立法例や立法検討事例を紹介する。その上で，これと比較対照すべきドイツの行政上の直接強制制度及び即時執行制度のうち，近時の未曾有の原子力事故への対策も含めてわが国に優先的に導入すべきと考えられる連邦法及び州法の立法例を示し，同制度のわが国への再導入に向けた具体的立法政策について提言した。

第5章では，行政規制の中核的実効性確保手段であるにもかかわらず，行政法学上その機能不全状況が指摘されている行政刑罰

について，わが国におけるその多用状況を，憲法原則と位置づけられる比例原則により法的に評価する。さらに，その代替的法制度としてのドイツの秩序違反法制度をその歴史的沿革とともに紹介し，行政規制違反行為の秩序違反行為化（非犯罪化）により，わが国の法律に基づく過料制度の異議申立手続に係る憲法的疑義を解消しつつ，より実効的な行政規制違反に対する制裁を実現するための法政策的提言を行った。

さて，2011年3月11日に突然発生した東日本大震災により，東北地方及び関東地方の太平洋岸で歴史的に見ても希有な1000年に1回規模の巨大地震及び大津波が発生したことにより，極めて甚大な人的・物的被害を生じた。被災された多くの方々には心からお見舞いを申し上げるとともに，被災地域の一日も早い復興を心から願うばかりである。

特に，今回の大災害においては，福島第一原子力発電所の重大事故による広範囲の放射性物質の拡散というこれまた未曾有かつ全くの「想定外」の深刻な事態を併せ生じたが，本書でも前述のとおり，政府による避難措置や関連法制のあり方についての法的考察及び提言を追加的に行った。特に，この点については，本書第2章において，政府の周辺住民避難措置についての比例原則による法的評価を加筆した。また，災害対策基本法の罰則所定の刑事罰のみによる警戒区域に係る規制の担保には明らかに重大な法制度上の限界があり，この点については本書第4章において新たな強制制度に関する提案を行っている。今回の原発事故に伴う行政規制のあり方を通じて，比例的な最適規制措置の実施や行政規制の実効性を確保するための強制手段拡充の必要性が，国民の生命・健康の保全という最重要の法益保護の観点から，改めて強く確認されたことをここに指摘しておきたい。

また他方で，原発事故の発生後，原子力災害対策特別措置法

20条3項に基づいて，原発周辺の4県知事に対し，残留放射能に係る暫定基準値を超えた原乳や一部農産品の県単位での出荷制限の指示がなされたが，これによる風評被害の拡大という事態を受け，後日市町村単位での制限に切り替えられた。また，この出荷制限に係る指示に反して（同法の指示違反に対する罰則や強制執行手段は設けられていない），一部の農家により規制値を超えた農産物の出荷がなされ，当該農産物が事情を知らない消費者によって購入消費されたほか，放射性物質に汚染された稲わらを飼料として与えられた肉牛が国内の広域の市場に出荷されてさらに広汎に購入消費されるという，より重大な事態も発生した。これらの問題は，前述の広域的な避難措置とともに，「想定外の」緊急事態における行政規制の執行のあり方が国民の日常生活や経済・消費活動に極めて大きなインパクトを与えた実例として捉えることができる。これらの緊急対策措置が，十分な関連情報の開示とともに比例的に実施され，また各種の行政措置の実効性を確保するために必要な法的強制手段が制度化されていたと評価されるかについても，今後十分な検証作業とともに法制度やその運用の改善に向けた検討作業が必要と思われることを附言しておく。

　末筆ながら，本書の上梓が可能となったのは，信山社出版の渡辺左近氏のご理解及び編集担当の木村太紀氏の真摯な編集作業の結果であり，ここに両氏に対し衷心より謹んで感謝を申し上げる次第である。

　2011年8月

西　津　政　信

目　次

序

第1章　日本国憲法は，行政強制消極主義を容認するか？ ……………………………………………… 1

1. 行政強制消極主義という問題状況 …………………………… 1
2. 行政強制制度をめぐる「評価伝承」とその影響 ………… 5
   - 2-1　砂防法36条の執行罰は，「整理漏れ」か？ ………… 5
   - 2-2　執行罰制度は，「実効性なし」と評価すべきか？ …… 8
   - 2-3　執行罰は，行政刑罰によって代替しうるか？ …… 10
   - 2-4　戦前に直接強制は「濫用され」，「人権侵害を惹起した」か？ ……………………………………………… 12
3. 憲法原則からの行政強制消極主義の法的評価 ………… 16
   - 3-1　基本権保護義務論による評価 ……………………… 16
   - 3-2　比例原則に準拠した行政強制消極主義の憲法論的評価 ……………………………………………………… 17
4. 宝塚市パチンコ店等建築規制条例最高裁判決とその司法政策的含意 ……………………………………………… 19
5. わが国の行政強制・行政制裁制度の改善に向けた立法・行政改革提案 ……………………………………………… 21

第2章　行政の緊急措置と比例的リスク管理 ………… 25

1. 問 題 提 起 …………………………………………………… 26
   - 1-1　行政の緊急措置とその法的統制 …………………… 26
   - 1-2　規制執行行政機関のインフォーマル志向問題 …… 27
   - 1-3　比例原則によるリスク管理──比例的リスク管理 …… 29
2. 比例原則からみた事例分析 ………………………………… 33

2-1　浦安鉄杭撤去事件の主な事実関係とその法的評価 …… 33
　　2-2　本件強制措置の背景及び実態並びにその法的評価 …… 36
　　　(1)　本件強制措置の背景及び実態 ……………………… 36
　　　(2)　本件強制措置の法的評価 …………………………… 38
　　　(3)　本事案の強制措置への比例原則の適用評価 ……… 39
　3　行政の緊急措置における比例的リスク管理とその実現
　　方策 …………………………………………………………………… 42
　4　結語――今後の発展的研究への展望 ………………………… 47
　5　補論――福島第一原発事故に伴う周辺住民避難措置の比例
　　原則評価 ……………………………………………………………… 48
　　5-1　福島第一原発事故関連避難措置の実施経緯 ………… 48
　　5-2　福島第一原発事故関連避難措置の法的評価 ………… 50

第3章　行政代執行制度の改善提案 …………………………… 57

　1　解決すべき問題――行政代執行制度の機能不全 …………… 58
　2　本研究が提示する仮説と調査研究手法 ……………………… 61
　3　ドイツの行政代執行制度の概要とその適用状況 ………… 62
　　3-1　行政代執行の適用要件と比例原則の実定化 ………… 62
　　3-2　事前手続 ………………………………………………… 62
　　3-3　戒告での行政代執行費用概算見積額の明示 ………… 63
　　3-4　行政代執行費用の事前徴収 …………………………… 64
　4　民事執行法上の代替執行制度との比較 ……………………… 67
　　4-1　代替執行費用の事前支払命令 ………………………… 67
　　4-2　民事執行法上の代替執行の申立実績 ………………… 68
　　4-3　第二次大戦前における旧行政執行法上の代執行の適用
　　　　 実績 ……………………………………………………… 70
　5　行政代執行法の所管府省問題 ………………………………… 71
　6　主要地方公共団体等に対するアンケート調査 ……………… 73
　　6-1　アンケート調査の目的，対象機関及び内容 ………… 73

(1)　アンケート調査の目的及び実施時期 ……………… 73
　　(2)　アンケート調査の対象機関 ………………………… 73
　　(3)　アンケートの設問内容 ……………………………… 74
　6-2　アンケート調査結果の概要 ………………………………… 74
　　(1)　回答数と回収率 ……………………………………… 74
　　(2)　行政代執行の適用実績 ……………………………… 74
　　(3)　行政代執行適用上の重大障碍事由 ………………… 77
　　(4)　行政代執行費用事前徴収制度の効用評価 ………… 79
　　(5)　行政代執行費用事前徴収制度の間接強制効果の予測
　　　　評価 …………………………………………………… 80
　　(6)　事前手続の戒告への一本化 ………………………… 82
　　(7)　戒告での費用概算見積額明示の効果 ……………… 83
　　(8)　比例原則実定化の効果 ……………………………… 84
　　(9)　行政代執行制度改善案の効果評価 ………………… 85
　　(10)　活用の期待される行政分野 ………………………… 86
　　(11)　その他の意見 ………………………………………… 86
　6-3　アンケート調査結果による仮説の検証 …………………… 89
　7　規制執行実務を踏まえた立法政策的提言 ……………………… 90
　　7-1　行政代執行費用の事前徴収制度の導入 ………………… 90
　　7-2　行政代執行適用要件の緩和と比例原則の実定化 ……… 92
　　7-3　事前手続の戒告への一本化と費用概算見積額の明示 … 95
　　7-4　行政代執行の即時執行 …………………………………… 98
　　7-5　行政規制執行機関における法律専門職公務員の役割 … 99
　　7-6　違反行為の早期段階での行政代執行の適用 …………… 100
　　7-7　行政代執行制度改善に向けた段階的アプローチ ……… 102
　8　結語——今後の本研究の発展的展開方向など…………………… 103

第4章　行政上の直接強制制度の再評価と立法政策提案 …………………………………………………………………… 121

　1　本研究の位置づけ ……………………………………………… 122

- 1-1 本研究の背景とねらい ……………………… 122
- 1-2 直接強制制度に関する先行研究事例 ……………… 124
- 2 わが国の直接強制制度の歴史的沿革 ……………… 125
  - 2-1 旧行政執行法上の直接強制制度の法的継受 …… 125
  - 2-2 一般的行政強制手段としての直接強制制度の廃止経緯とその評価 ……………………… 126
- 3 わが国の直接強制制度の現状とその評価 ……………… 130
  - 3-1 わが国の現行個別法上の直接強制の立法例 ……… 130
    - (1) 成田国際空港の安全確保に関する緊急措置法3条6項 ……………………… 130
    - (2) 学校施設の確保に関する政令21条 ……… 131
  - 3-2 建築基準法への違法工事現場封鎖制度の導入に関する検討経緯 ……………………… 132
- 4 ドイツにおける直接強制制度の現状とその評価 ……… 133
  - 4-1 ドイツの連邦・州の行政執行法上の直接強制 …… 133
  - 4-2 違法工事中止命令の強制手段 ……………… 134
  - 4-3 営業停止命令の直接強制 ……………… 136
  - 4-4 青少年の有害場所からの強制退去及び保護 …… 137
  - 4-5 直接強制の即時執行 ……………… 138
  - 4-6 直接強制の事前手続としての戒告 ……………… 139
  - 4-7 直接強制の費用徴収に関する比較 ……………… 140
- 5 直接強制制度に関する立法論的提案と本研究の将来的展開方向 ……………………… 142
  - 5-1 民事執行法上の直接強制の適用実績 ……………… 142
  - 5-2 新たな直接強制制度の必要性と立法政策上の提言 … 143
    - (1) 主題制度の基本的必要性 ……………… 143
    - (2) 違法建築工事等に対する現場封鎖 ……… 145
    - (3) 災害対策における保護的直接強制 ……… 145
    - (4) 一般的直接強制, 即時執行及び行政執行体制整備 ……………………… 147

5-3 本研究の残された課題と今後の展開方向 ……………… 149

第5章　比例原則と秩序違反法制度の立法政策提案
……………………………………………………………… 151

1 本章の位置づけ ……………………………………………… 152
2 問題状況及び本章で提示する仮説…………………………… 152
  2-1 わが国行政規制法における行政刑罰及び過料制度の
      問題点 …………………………………………………… 152
    (1) 行政実定法における行政刑罰の過剰とその機能不全
        ……………………………………………………… 152
    (2) 都道府県警察機関の実情と行政刑罰制度に対する
        要請 ………………………………………………… 155
  2-2 わが国の現行過料制度とその問題点 ………………… 156
  2-3 範型としてのドイツの秩序違反法制度と法的判断基準
      としての比例原則 ……………………………………… 158
  2-4 政策課題解決のための仮説 …………………………… 158
3 ドイツ比例原則の歴史的沿革とその現代的展開 ………… 159
  3-1 ドイツにおける比例原則の歴史的沿革 ……………… 159
  3-2 欧州各国法及びEU法における比例原則の地位 …… 162
  3-3 比例原則を構成する部分原則 ………………………… 164
  3-4 憲法原則としての比例原則の位置づけに関する独日
      比較と私見 ……………………………………………… 168
4 ドイツ秩序違反法制度の現代的展開 ……………………… 169
  4-1 ドイツ秩序違反法制度の歴史的沿革とその国際的展開
      ……………………………………………………………… 169
  4-2 ドイツの秩序違反法の概要 …………………………… 172
  4-3 ドイツにおける建設法典及び建築法上の過料規定の
      内容及びその適用状況 ………………………………… 174
    (1) 連邦の秩序違反法上の過料上限額と秩序違反行為に
        より得た経済的利益の剥奪 ………………………… 174

(2) 連邦の建設法典上の秩序違反規定とわが国都市計画
　　　　法の罰則規定との比較 ………………………………… 175
　　　(3) 州建築法上の秩序違反規定 ………………………… 176
　　　(4) 建築法上の秩序違反行為に対する過料の適用状況
　　　　　…………………………………………………………… 177
　　　(5) 過料算定基準としての過料カタログ ……………… 179
　5　比例原則からみた行政刑罰制度の日独比較評価 ……… 179
　6　結語――仮説実証のまとめと立法政策への提言…………… 183
　　6-1　仮説実証のまとめ …………………………………… 183
　　6-2　今後の立法政策に向けた提言 ……………………… 184

付　論　景観形成パイオニア特区（仮称）の創設提案
　　　………………………………………………………………… 187

結びに代えて ………………………………………………………… 189

引用・参考文献 ……………………………………………………… 191
独法令名表記等略語一覧表 ………………………………………… 198
事項索引 ……………………………………………………………… 200

初出論攷一覧

第1章 「日本国憲法は，行政強制消極主義を容認するか？」ジュリスト1404号63-71頁（2010年7月）：日本公法学会第75回総会・公募報告第3セッション・フルペーパー

第2章 「行政の緊急措置と比例的リスク管理」法社会学69号131-146頁（2008年9月）：日本公共政策学会2009年度論説賞受賞論文

第3章 「行政代執行制度の立法論的日独比較研究」東海法学42号208-160頁（2009年9月）

第4章 「行政上の直接強制制度の立法論的日独比較研究」比較法研究71号216-235頁（2010年9月）

第5章 「比例原則との関連における秩序違反法制度の導入に関する立法論的研究」中央大学大学院研究年報34号法学研究科篇37-54頁（2005年2月）

付論 「屋外広告物規制――特区創設で景観守れ」宮崎日日新聞2007年7月16日ウォッチ欄

第1章 日本国憲法は，行政強制消極主義を容認するか？

〈本章の概要〉
 わが国の行政強制法制の半世紀を超える欠缺状況とこれに起因する行政規制執行機関の行政指導依存体質は，立法府及び行政府の「行政強制消極主義」として捉えられるが，これらは，行政法学教育に長らく大きな影響を与え続けてきた行政強制に対する消極的な「評価伝承」によって形成されてきたと見ることができる。戦後間もない時期に形成されたこのような「評価伝承」については，現在の法状況を踏まえて実証主義的な観点から見直しを行い，制度の「濫用」やそれによる「人権侵害」のおそれについては，その法的統制のための事前手続や事後的な救済措置を講ずる方向で，新たな行政強制制度の建設的な構築論に転換すべきである。
 また，このような立法府及び行政府の行政強制消極主義は，比例原則を裁量統制基準とする基本権保護義務論から見れば，憲法原則に抵触するものと批判的に評価すべきであり，このような重大な法的問題状況からは早急に脱却する必要がある。多数の国民の権利利益を規制違反者の侵害行為から適正に保護するため，広範な行政規制の実効化を図る立法措置及び新たな行政規制執行体制の構築を可及的速やかに推進すべきである。

1 行政強制消極主義という問題状況

 わが国の行政上の義務履行強制制度（以下，行政強制制度という）は，占領下における1948年の行政代執行法の制定により，適用

要件を限定的に設定された行政代執行を唯一の一般的強制手段とし、これを適用しえない義務違反については、行政刑罰の威嚇力によってこれを抑止するという極めて変則的かつ不十分なシステムが採用され、以後 60 年余にわたって本格的な改善の試みも全くなされずに放置されてきた。以上の状況を、本書では「立法上の行政強制消極主義」ということとする。このような法状況について、行政強制制度の濫用を防止する観点からこれを是認する考え方も今日なお根強く存在している。しかしながらこれは、古典的な、行政と規制名あて人の二極関係という視点からの後者の防御権、極言すれば規制違反者の規制不遵守の「自由」を過度に尊重するのみで、この二者に規制受益者を含めた現代的な行政規制の法的三極関係にまで視野を広げず、広範な国民・市民から成る最後者の保護を全く顧慮しない点で批判を免れない（後掲**図 2** 参照）。

ところで、民事執行実務において、現行の間接強制及び直接強制の両制度が廃止され、代替執行に加重適用要件が設定された状態を想像できるであろうか？　現行の行政強制法制はまさにそのような状況にあるのである（**図 1** 参照）。ちなみに、ラテン語法格言に「執行は、法の終着点であり、その果実である（Exsecutio est finis et fructus legis.)」というものがあるが、上述の立法上の行政強制消極主義により、広範な行政規制法においては、まさに「終着点」がなく、「果実」を生まない部分があるという法治国家にあるまじき状況を招来しているのである。この点は、いわゆる行政介入請求権を実定化するために、近年の行政事件訴訟法改正によって導入された義務付け訴訟においても同様である。すなわち、裁判所は義務付け判決によっても「法律の留保」を無視して「根拠規範のない」行政強制手段の発動を行政機関に命ずることはできず、各種の行政規制法について、不作為義務、非代替的作

1 行政強制消極主義という問題状況

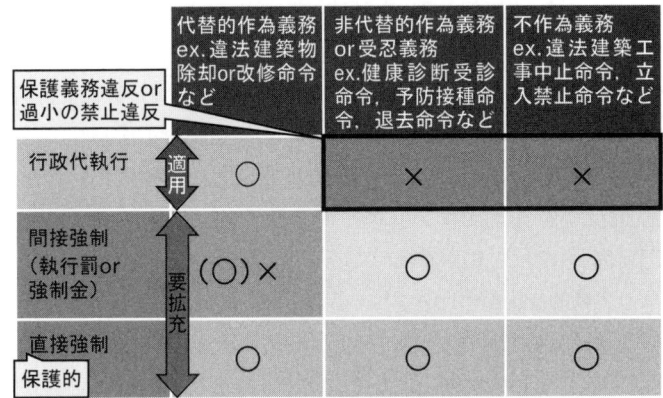

図1 行政上の強制執行手段と適用対象義務

為義務及び受忍義務を課す命令に係る義務付け判決はなしうるが，その履行を実現させるための強制執行手段に係る根拠規範が存在しないため，法律による行政の原理からその発動を義務づける判決をすることはできないのである。

他方で，上述の長年にわたる立法上の行政強制消極主義の継続によって，「行政執行上の行政強制消極主義」が醸成された。すなわち，地方公共団体を中核とする行政規制執行機関においては，そもそも法律によって行政強制手段に係る根拠規範が定められていない（同時に行政代執行法により自治立法たる条例による根拠規範の制定も禁じられている）不作為義務及び非代替的作為義務に係る行政規制違反の是正命令の発出を回避する傾向（これらの命令に係る義務履行強制手段が設けられていないので，当該命令を発出した段階でそれまでの一連の規制執行過程は「行き止まり」になってしまう）やその適用において様々な問題を生ずる唯一の一般的行政強制手段である行政代執行[1]の実施を極力回避ないし先送りしよ

---

1 行政代執行制度が抱える問題とその改善方策に係る提案については，

うとする傾向が広範に認められる。敷衍すれば，行政行為たる命令を回避し，専ら行政指導によって違反是正を図ろうとする「インフォーマル志向」が，各種行政規制分野における通例的な規制執行態様となっており[2]，結果として，法的強制力を伴わない行政指導への過度の依存とその必然的な多用により，確信犯的な行政規制違反者を適正にコントロールし得ず（例えば，岡山市行政代執行研究会（2002）の事案は，このような違反者に対していかにすればより実効的な規制執行をなしうるかという観点から，後述の立法・行政改革政策の企画立案作業のための格好の素材となろう），行政規制が本来実現すべき法益保護を達成できないため，規制受益者たる国民の権利利益，すなわち生命，健康，安全などの「基本的人権」に対する第三者による侵害が放置されているという重大な法的問題状況が継続的に存在している。加えて，さらに憂慮すべきことは，このような重要な問題が現在のところ，中央・地方政府，メディア及び一般国民にほとんど認識されていないと思われることである。筆者は，このような一般国民等の認識のあり方において，戦後長らく支配的であった，行政規制の法的担保を専ら罰則所定の刑事罰に依存する，いわゆる「罰則中心主義」の影響が強いと考えている。すなわち，重大な行政規制違反事案について，一般には違反者が刑事罰を受ければそれで一件落着したと理解されてしまうことが多く，その結果，規制の実効性を向上させるためには罰金等の刑事罰の上限の引上げのみが選択されるばかりであり，広範な行政規制違反の背後に遍在している「行政強制消極主義」が注目ないし批判されることは，遺憾ながら実際上極めて稀である。

　本書第3章を参照。
2　北村（1997）237頁。

2 行政強制制度をめぐる「評価伝承」とその影響

2-1 砂防法 36 条の執行罰は,「整理漏れ」か?

　現行の唯一の執行罰制度の立法例である砂防法 36 条については,これを「整理漏れ」であるとする見方がある。結論から言えば,この見方は第二次大戦後の行政法学界を主導した田中二郎博士が行政代執行法の制定後まもなく発表された論文(田中二郎「過料小論」国家学会雑誌 62 巻 11 号 634-636 頁)で提起した主張に端を発しているものと思われる。この論攷は,田中博士自ら「本稿は,関係方面からこの点に関する意見を求められたのに応じて,極く簡単に意見を述べたもので,早急の間に起草し,十分推こうする暇もなく提出したものであるために,その草稿のまま,本誌に掲げることは,甚だ躊躇するのであるが,恰度,4 頁だけの余白があるので,そのうめ草にこれを掲げることとした」(傍点筆者)とされているものである。

　すなわち,田中博士は,同論攷において「過料制度の整理についての意見」の一つとして,「執行罰としての過料も,その実効の乏しいことを理由として一般法としての行政執行法による執行罰制度の廃止を見た今日,若干の法令にのみ,これを存置する理由は全くないから,むしろこれを全廃すること」を提案しているのである(前掲論文 635 頁)。

　しかしながら,行政代執行法の立法者意思は,個別法上の執行罰制度については,必要に応じてその存置又は新設を認めるとするものであって,個別法上の同制度も逐次廃止するといった統一的な立法方針は何ら示されていない[3]。すなわち,これらの個別法

3　西津 (2006) 44 頁注 80 参照:後掲注 9 に行政代執行法案の提案理由

上の執行罰制度を存続させるか否かは，当該法律に係る将来の立法政策に委ねられたのであり，当時の極めて少数の個別法上の執行罰の立法例について，関連法改正として一括廃止措置が講じられなかったのはこのためであると解される。しかるに，この「整理漏れ」論は，田中二郎博士による行政法体系書（田中（1957）387，391-392頁，田中（1965）291頁）においてさらに詳細に述べられ，それが他の行政法研究者による概説書等においても引用され続けて[4]，今日に至っている。この「整理漏れ」記述は，前掲の「過料小論」発表前に執筆されたと思われる田中博士の別論攷（田中（1948b）4頁）やそれに基づくと思われる講義テキスト（田中（1949）85-86頁）には何ら記述されていないが[5]，「過料小論」発表後の改訂版テキストには，詳細かつ明確に記述されている[6]ことが確認でき，これが立法者意思ないし政府の統一的な立法方針などに立脚したものであるとは認めがたい。問題は，この「過料小

　　説明の該当部分を掲記。なお，田村泰俊（2011）285頁もこのことについて詳しく言及している。
[4] 今世紀に入って（2001〜2011年までの11年間に）刊行された最近の行政法の主要な概説書等43点についてみれば，砂防法36条の執行罰は「整理漏れで残ったとされている」といった趣旨の記述をしているものは13点であり，全体の約30％を占めている。
[5] いずれも本文に示した行政代執行法の立法者意思に忠実に，執行罰は「必要に応じ，個々の法律の中に，具体的に規定するだけで十分である」としている。
[6] 田中（1965）290-291頁：「従来，行政強制の一般的な根拠法であった行政執行法及び同施行令を廃止し，新らしく行政強制の一般的な根拠法を設けるにあたり，（中略）執行罰，直接強制の制度は，一般的な強制執行の手段として認めないだけでなく，個々の法律の中からも，原則的に追放することとし，法制全体の整理を図った。ただ，その整理に当って，旧河川法と砂防法の中の執行罰の規定が整理漏れとなって残っているが，これは別に意味があるわけではない。」

論」発表後に刊行された田中博士の体系書等及びこの記述を引用する多くの概説書等の「整理漏れ」記述により，これらの体系書等及びこれらをテキストとする講義によって行政法学を履修して法律職の国家公務員となり，内閣提出法案の立案ないし審査業務に携わる，多数の中央省庁や内閣法制局の中核的法制執務担当者には，個別法上の執行罰制度は本来「法改正の機会があれば，逐次整理・廃止されるべきもの」であって，その存続や新設を検討するなどは「もってのほか」といった消極的な理解が，長年にわたって醸成されてきたのではないかと推測されることである。実際，旧河川法53条の執行罰制度は，田中博士の提唱に係る上述の考え方が，前掲の田中（1957）において明示されていたことなどから，同法の全面改正に際してあたかも当然の措置として廃止された[7]ことが窺える（新河川法の国会審議における田上穰治参考人の発言[8]参照）。ちなみに筆者自身の経験でも，現役国家公務員であった当時，所管規制法の実効性向上のための改善方策を立案する際，新たに執行罰（強制金）制度を導入する検討案について上

7　旧河川法53条の執行罰規定は，建設省内部における新河川法の立案過程の最初期の段階において作成された昭和37年12月18日の「河川法改正要綱案」の段階で既に見出すことができない。このため，新河川法の国会審議においては，後掲の田上参考人の意見陳述を除いて，同法における執行罰制度廃止の是非についての議論は，全くなされていない。

8　新河川法の国会審議における田上穰治参考人の意見陳述：「現行法は非常に古い規定でございますから，たとえば河川の監督の規定などを見ますと，（中略）あるいは間接強制のような，一方で戦後行政執行法が改正され，今日の行政代執行法で大体まかなわれておる，こういう現状と比較いたしまして，著しく均衡を失するのでございます。明治憲法時代の行政執行法よりもさらに古い河川法のこういった関係条文が，行政執行法の廃止になりました今日においてもなお残っておるということは，非常なアンバランスでございまして，当然改正しなければならない。」（第46回国会衆議院建設委員会議録23号1頁）

司から，当該法改正に係る内閣法制局審査をクリアーするためには，「当該法律においてのみ同制度を導入しなければならない理由」を立証する必要があるのではないかとして，相当程度の「高い障碍」が予想されると示唆された経験がある。

2-2　執行罰制度は，「実効性なし」と評価すべきか？

旧行政執行法上の執行罰制度が廃止された理由として，多くの行政法概説書は，同制度が「実効性のない」ものであったことを挙げている。

確かに，行政代執行法の国会審議録によれば，一般的間接的行政強制制度としての執行罰は，第一に「実効性を欠く」という理由から廃止された[9]。しかし，筆者は，旧行政執行法上の執行罰制度を「実効性を欠く」と評価した理由について，立法者による説得的な「説明責任」は必ずしも十分に果たされてはいないと考えている。国会での同法案（同法附則2項で一般的執行罰制度を定める旧行政執行法を廃止）の趣旨説明やその質疑の過程，さらには，学界においてもこの執行罰制度の廃止理由についての「踏み込んだ」議論がなされたことは，管見の限りでは確認できない。確かに，戦前の都道府県統計書によれば，項目立てされている若干の

---

[9] 佐藤達夫法制長官による行政代執行法案の提案理由説明：「現行行政執行法には，行政上の義務履行確保の手段として，右のいわゆる代執行のほかに，執行罰及び直接強制の途をも存しているのでありますが，執行罰については，その効用比較的乏しく，罰則による間接の強制によっておおむねその目的を達し得るものと考えられ，また直接強制は，人または物に対して直接実力を加えるものでありますがゆえに，すべての場合に通じて，一般的にその途を設けるのは行き過ぎであろうと考えるのであります。従ってこれらの手段は，特に行政上の目的達成上必要な場合に限り，それぞれ法律において，各別に適切なる規定を設けることとし，（以下略）」（第2回国会衆議院司法委員会議録第10号1頁）。

県におけるその適用実績は極めて僅少であったことが確認できる[10]。行政執行法ないし河川法や砂防法などの個別法を根拠規範とする執行罰制度は、これらの法律が制定されて以降上限額の改定が全くなされず、特に敗戦後の貨幣価値の急落によって、その威嚇力を大幅に低下させていた[11]。この上限額の改定が長らくなされなかった背景としては、前述のとおり同制度の適用実績が僅少であり、同法の所管省であった旧内務省によって上限額改定の法改正の必要性がほとんど認識されなかったことがあると推測される。

しかしながら、執行罰制度の適用実績が僅少であったことから、直ちに、それが実効性を欠く制度であると断定することは妥当ではない。同制度の厳密な意味での「実効性評価」は、その適用実績の多寡によってではなく、その適用件数に対する目的達成(すなわち命令履行)件数の比率で評価されるべきである。ちなみに、このような実効性の評価方法によれば、比較制度論的に見てわが国の執行罰制度に相当するドイツの「強制金」の同国主要都市における適用実績データから、その実務上の実効性は非常に高いものであることが筆者の現地調査によって明らかとなっている[12]。なお、近時においては多くの行政法概説書などにおいても、執行罰は義務履行がなされるまで反復して適用でき、上限額を比較的高額に設定することによって、実効的な義務履行確保手段となりうるものである旨の記述がなされることが多くなっている。

---

10 旧行政執行法上の執行罰の適用実績に関する調査結果については、西津(2006)41-42頁参照。

11 行政法概説書では、執行罰の法定上限額が極めて低い(砂防法36条のそれは500円)ので実効性がないとしているものが少なくない。

12 詳細は、西津(2006)117-121頁を参照。

2-3 執行罰は，行政刑罰によって代替しうるか？

行政代執行法の立法者意思として積極的に提示されている本論点については，私は，基本的に行政強制手段としての執行罰についての理解不足ないし誤解があるのではないかと考える。すなわち，執行罰としての過料を秩序罰としての過料と混同したうえで，後者は法的制裁としての威嚇力の点で基本的に刑事罰に劣るのであるから刑事罰によって完全に代替しうるとする考え方である[13]。

いうまでもなく行政刑罰を科すためには，裁判所の確定判決を得る必要があり，それまでの間の違反行為の抑止や物理的違反状態の排除は罰則適用のための刑事訴訟手続自体には期待しがたい（例えば，違反建築物の建築主が無確認建築行為や是正命令不履行について罰則適用のため起訴され，有罪確定判決が下されて処罰されても，それによって当該違反建築物の建築工事が自動的に中止され，あるいは当該違反建築物自体が自動的に消滅するわけではない。したがって，罰則適用のみでは行政規制の目的は完全には達成されない）。また仮に違反者が上掲の手続で処罰されたとしても，刑罰が罰金刑であれば，違反者の側に罰金の額を大きく上回る利益が規制違反行為によって期待される場合には，確信犯的違反行為に対する抑制効果自体も非常に限定的なものとなる[14]。さらに言えば，そ

---

[13] このような立論の一例として，柳瀬（1964）206頁は，「執行罰は，屢々言う通り，代執行の如くそれ自身直接義務内容を実現するものではなく，義務の不履行に対しその本来の内容とは全く別の過料を納付する義務を課するものである。従って執行罰が実行せられた結果生ずるものは単に過料が徴収せられたという事実であって，義務の内容の実現ではない」とし，「既に処罰の規定がある場合には，義務の履行を強制するためにはそれを以て充分で，その上に更に執行罰の手段を設けることは実質的には殆ど何の加えるところもない不必要なこととも言い得る」とする。

[14] この点は，田中（1965）285-286頁においても，漁業法の定める免許を受けずに海苔を採取する行為について指摘されている。

そも、行政刑罰による「間接強制的な威嚇」のみで罰則所定の構成要件該当行為（規制違反行為）が抑止でき、あるいは義務者による違反是正命令の遵守＝義務履行を十分に担保できるというのであれば、論理的には違法行為によって生じた結果（違反物件など）の除去のための一般的行政代執行制度さえも不要ということになるのではないか。この点、行政代執行法の提案理由説明では、一般的行政強制手段として、行政代執行制度のみを存置させることについての積極的な理由は明示されておらず、また、行政代執行法の立法直後における同法の一般的行政強制手段の整理を支持する論説においても、「代執行は、必ずしも国の行政官庁のみならず、地方公共団体の行政庁が、行政上の義務を強制するための手段として認める必要がある」とする[15]のみで、執行罰及び直接強制との対比において唯一の一般的強制手段として存続させる特段の必要性が説得的に論じられているとは認められない。

　この点については、既に行政代執行法の制定後に田中博士によっても論じられているとおり、「罰則だけで、法の実効性を担保しようという考え方そのものに問題がひそんでいる」のであり、「少なくとも行政罰を科することができるというだけでは、十分に行政法の実効性確保の目的を達成することができないということを、この際、改めて反省してみる必要がある」とする田中博士自身による指摘[16]は、その後約半世紀を経た現在においてもなお一層強く再確認されるべきであろう。

15　田中（1948b）4-5頁，田中（1949）86頁
16　田中（1965）287-288頁。

2-4 戦前に直接強制は「濫用され」,「人権侵害を惹起した」か?

代執行及び執行罰とともに行政強制制度の三本柱の一つでありながら,従来多数の行政法概説書等において「濫用」や「人権侵害(のおそれ)」といった評価とともに語られていわばタブー視されてきた[17]直接強制についても,近時,より客観的な立場からの見直しや積極的再導入を提案する論攷[18]が現れている。

旧行政執行法5条の直接強制については,都道府県の統計書警察編に収録されたデータで確認する限りにおいて,項目立てしている若干の県における適用実績は,総じて僅少であり,これらの県では,他の行政強制手段である代執行及び執行罰と同様,ほとんど適用されていなかったことが確認される[19]。

---

17 前掲注4掲記の概説書等43点についてみれば,第二次大戦前に直接強制が「濫用された」あるいは「人権侵害を惹起した」という趣旨の記述をしているものは14点であり,全体の約33%を占めている。これに,同制度には「人権ないし権利利益の侵害のおそれがある」あるいは「苛酷」といった趣旨の記述をしているものを加えれば総計34点となり,全体の約80%にも上っている。

18 須藤(2007c),櫻井(2006)13頁,櫻井ほか(2006)120頁,鈴木康夫(2008)17-19頁,35頁,平川(2007)342-343頁。

19 行政執行法上のすべての強制手段の適用実績を,「行政執行処分」として項目立てしている千葉県統計書によれば,明治35年から同44年までの10年間における直接強制の適用実績(「強制処分度数」:以下同じ。)は,同35年の1件(千葉署)及び同36年の2件(ともに大多喜署)のみであり,また,大正元年から同14年までの14年間における直接強制の適用実績は,同八年及び13年の各2件(2件とも,大正8年は木更津署,同13年は野田署)並びに同14年の1件(船橋署)のみである(他の年は実績なし)。さらに,同じく昭和元年から同14年までの14年間における直接強制の適用実績は,昭和元年の1件(千葉署)のみである。また,石川県統計書によれば,明治43年から大正14年までの15年間(戦前昭和期には,直接強制などの行政強制処分の適用実績は,統計項目か

むしろ,統計データ等によって明確に「濫用」された状況が確認できるのは,警察上の即時強制としての,旧行政執行法1条に基づく行政検束であり,特に,「暴行,闘争其ノ他公安ヲ害スルノ虞アル者」を対象とする警察上の即時強制としての予防検束である[20]。この点については,命令や戒告などの比較的厳格な行政行為や事前手続を要する直接強制よりも,これらを経ずに迅速・簡便に相手方の身柄を拘束できる行政検束が当時の警察当局にとっては便宜にかなう手段であったため,多用ないし濫用されたのではないかと推察される。また,旧行政執行法上の一般的行政強制手段としての直接強制が廃止された経緯についても,国会での行政代執行法案の提案理由説明では,直接強制は「人又は物に対して直接実力を加えるものであり」,「すべての場合に通じて,一般的にその途を設けるのは行き過ぎであろうと考え」たためとされているにとどまり[21],当該制度自体の濫用やそれによる人権侵害の事実については,何ら言及されていない。

以上を踏まえれば,戦前の適用実績データに乏しく,また戦後

ら除外されている)において,大正9年に2件(ともに小松署)の直接強制が記録されている。さらに,高知県統計書においても,直接強制の適用実績は,明治44年から昭和15年までの30年間で,大正9年の3件のみであり,新潟県統計書においても,大正元年から昭和9年の23年間で,同じく大正9年の2件のみである。なお,東京,大阪,名古屋などの大都市部を含む府県の統計書には行政執行法上の強制処分の適用実績に係る項目がなく,直接強制などの強制処分の適用実績は不明である。

20 例えば『第54回警視庁統計書』(1944,警視庁)166頁によれば,昭和19年には警視庁管内で約63万人が「其ノ他公安ヲ害スルノ虞アル者」として予防検束処分の対象となっている。

21 第2回国会衆議院司法委員会議録第10号1頁。なお,田中(1948b)8頁はこの立法者意思を正確に紹介している。

の立法例も僅少にとどまる[22]直接強制よりも、戦後の立法例や適用実績が多く、また命令という行政行為や戒告といった事前手続を原則として伴わず、直ちに相手方の身体や財産に強制を加えるため、事後的行政救済も実効性を欠く即時強制こそ、濫用による人権侵害を防ぐために十分な抑制がなされるべきものである。しかしながら、さすがに行政検束制度自体は上述の問題から旧行政執行法とともに廃止されたとはいえ、その他の即時強制制度については、警職法所定の各措置を中心として比例原則に厳格に服すべきことは強調されるも、行政代執行法の解釈からその根拠規範を条例に設けることも可能とされて、今日でも各種行政規制において多用されている状況にある。このような即時強制の扱いは、前述のような適用状況しか確認できない直接強制が戦後早々に「濫用」あるいは「人権侵害」といったレッテルを貼られ、以降長らく行政強制手段としてはタブー視され続けてきたことに比して極めて対照的であり、両者の相手方保護に係る事前手続のあり方や行政救済の可否の観点からの比較においても、非常にバランスを欠いた不当な評価といわなければならない。

さらに敷衍すれば、直接強制に「濫用」や「人権侵害」というイメージが定着した背景に、第二次大戦前の行政法体系書等における同制度の例示があったのではないかと考えられる。すなわち、直接強制と代執行との差異をことさらに明示せんがため、前者は例えば障碍物件の爆破といった方法を用いる強制手段として説明されるなどである[23]。しかも、このような例示記述は戦後におい

---

[22] 本書第4章3-1参照。

[23] 美濃部（1940）337頁は、「例えば風俗上有害な絵看板の取払を命じその命を履行しない場合に官庁が代わってこれを取払うのは代執行であるが、ペンキでこれを塗り潰すのは直接強制である。航通の妨害となるべき沈没船の引揚を命じその不履行の場合に、官庁が代わって引揚を為す

てもなお継続的に用いられていた。このような例示の仕方によって，直接強制が本来「非常にドラスティックな」強制手段であるということが少なからぬ行政法体系書でことさらに強調されていたことは紛れもない事実である。しかし，筆者は，これらはあくまで行政代執行ないし直接強制の「具体的実施方法」の問題に過ぎず（すなわち，例えば，違反物件の除却に係る直接強制においても，常に対象物件の爆破のような急速破壊的措置を採用すべきものではない。また他方で，状況によっては現行行政代執行の実施においても，破壊的手段による対象物件の迅速な除却を要する場合もありえよう），それが両強制手段の本質的差異を示すものではないと考える。これらの強制手段の具体的実施方法は，いずれも比例原則に従って決定されるべきものであり[24]，同原則の適用が直接強制については代執行よりも常に緩やかになると解すべきではない[25]。

以上要するに，私見としては，わが国の新たな行政強制制度における直接強制のあり方については，上述のような戦前からのイメージ的なレッテル貼りや無益な「評価伝承」にいつまでも引きずられるのではなく，より建設的な観点から，ありうべき「濫用」や「人権侵害」を防止するために必要な事前の手続統制をビルトインし[26]，かつ，義務者に対する十分な事後的救済措置も可能とすることによって，その積極的活用を図る方向に速やかに転換することが肝要であると考える。

のは代執行であるが，爆発物でこれを粉砕するのは直接強制である」としている。
24　同旨：須藤（2007c）275 頁。
25　この点につき，塩野（2009）236-237 頁，須藤（2007c）265 頁以下参照。
26　同旨：柳瀬（1964）210-211 頁。

3 憲法原則からの行政強制消極主義の法的評価

3-1 基本権保護義務論による評価

前掲1において提示した問題状況について，憲法論的に評価するために有用な理論として，今日ドイツにおいて判例・通説を構成している基本権保護義務論がある。これは，国家・規制対象者・規制受益者の三主体から成る法的三極関係が成立する場合に，国家には「各人の基本権法益を第三者（規制対象者）による侵害から保護する義務」があるとし，立法・行政・司法のそれぞれに対して，その権限の範囲内で規制対象者の行為を規制し，規制受益者に保護を与えることを求めるものである[27]。ここにいう，法的三極関係は，前述の行政規制の法的三極関係そのものであり，同理論は行政規制の憲法規範論的評価を可能にし，かつその立法・行政裁量に係る法的限界を画する極めて有用な理論と捉えることができる。このドイツの基本権保護義務論のわが国への導入をめぐっては，1990年代後半から憲法学界において積極・消極双方の立場からの論説が提起され，全体としては今日なお消極論が多数の模様であるが，最近では特に生命や健康などの重要な保護法益については，保護義務を肯定する見解が有力になりつつあるともされている[28]。本理論自体についての踏み込んだ議論を行うことはもとより本書の射程の及びえないところであるが，主題の法的問題状況を早急に解決することの重要性を改めて提示する立場から，私はこの人権の保護義務論ないしは戸波（2003）744頁にいう人権の積極的保障義務論を支持し，同理論に基づいて前述の

---

27 小山（2008）86頁。
28 小山（2009）132頁。

問題状況の法的評価を行うこととしたい。

いずれにしても,基本的人権の保護義務論やその判断基準をなす比例原則については,わが国憲法学界での議論はなお大幅な深化・発展を待たなければならない状況にあることは事実であり[29],主題の背景をなす行政規制の機能不全という広範かつ重大な法的問題状況を可及的速やかに解消させ,将来的な行政強制法制の大幅拡充を図る際にも,これらの法理論についての公法学界全体における「建設的な」議論の継続的展開が不可欠であると考える。この点についても,例えば,基本権保護義務論には「危険な要素がある」といった指摘から,わが国への本理論の本格的導入に向けた議論自体を封ずるといった後ろ向きの消極的な対応ではなく,仮にそのような要素が認められるとするならば,それを出来る限り極小化する努力を行い,前述のような問題状況を抱えているわが国の立法・行政活動を指導する新たな法的統制の理論枠組みを構築することを志向した法理論研究の前向きな展開こそが切に期待されるところである。

3-2 比例原則に準拠した行政強制消極主義の憲法論的評価

ドイツにおいて基本権保護義務論の範囲を具体的に画する立法・行政活動の裁量統制基準となっているのが,比例原則である。すなわち,前述の法的三極関係において,国家が行政規制により規制対象者の人権を制約するにおいては,過剰侵害の禁止原則(Übermaßverbot)により規制の上限が画され,同時に,規制受益者の人権を保護するための規制のあり方については,過小保護の

---

29 一例として,憲法教科書において比例原則の位置づけに関する論及が少ないことについて,須藤(2010)259-261頁を参照。

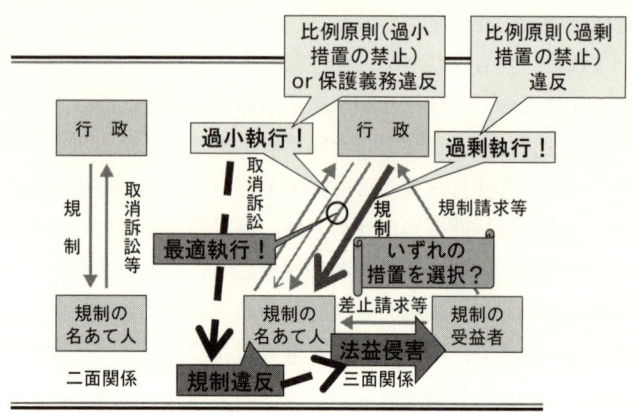

原図出典：宇賀克也『行政法概説Ⅱ（第4版）』3頁
図2　行政規制の三面関係における比例原則と保護義務

禁止原則（Untermaßverbot）[30]によって規制の下限が画される。これにより，立法府には規制受益者の人権保護のために必要となる下限以上かつ規制名あて人の人権保護を図るための上限以下の最適範囲の規制水準での法律の制定が義務づけられ，また，行政府には同様の観点から当該法律の下限以上かつ上限以下の最適範囲内の規制執行が義務づけられるのである（図2参照）。

今日，比例原則は，わが国行政法学の多数説によって憲法13条に実定化された憲法原則であると解されている。上述のようにこの比例原則を具体的な裁量統制基準として前述の人権保護義務論を前提に上述の行政強制消極主義を法的に評価すれば，広範な行政規制を適正に執行するための行政強制法制に存する重大な欠缺が放置され続けている立法状態及びこれに起因して実効的な強制手段を欠いた行政が必要な行政強制を発動し（え）ない状況は，いずれも前述の過小措置の禁止に抵触し，憲法要請である国民の

30　小山（2004）222頁，戸波（2003）719-720頁，須藤（2010）18-19頁。

基本的人権の保護に欠ける重大な問題状況を生じていると評価すべきである。

4 宝塚市パチンコ店等建築規制条例最高裁判決とその司法政策的含意

最高裁平成 14 年 7 月 9 日第三小法廷判決民集 56 巻 6 号 1134 頁（宝塚市パチンコ店等建築規制条例事件）[31] により，国又は地方公共団体が専ら行政権の主体として国民に対して行政上の義務の履行を求める訴訟は，裁判所法 3 条 1 項の「法律上の争訟」にあたらず，当該訴訟を認める法律の規定もないため，不適法であるとされた。この最高裁判決は，従来いくつかの下級審判例及び有力な学説が認めてきた行政上の義務の民事執行による「司法的執行」の途を大幅に閉ざすものであり，これにより行政代執行の適用できない（本判決の事案のような）不作為義務や非代替的作為義務については，行政規制執行機関がこれまで一定範囲で活用しえた重要な法的強制手段が失われた。

本判決に対しては既に多数の批判的論攷がなされているが [32]，私は，この最高裁判所判決の法政策的含意について，行政機関は安易に「司法的執行」に依存するのではなく，むしろ新たな法制度の整備の促進も含めて「行政的執行」によるべきことを示唆したものと理解している。すなわち，最高裁は本判決により司法府の最高機関として，立法府及び行政府に対し「行政的執行」に係る法制度の拡充とその積極的活用（比喩的に言えば，原道の渋滞〔訴

---

31 本判決の行政法学者による評価及びその含意について，西津（2006）第 2 章を参照。

32 最新の批判的論攷として，曽和（2011）第 4 章参照。先行する批判論についても，前掲書第 4 章で詳しく分類紹介されている。

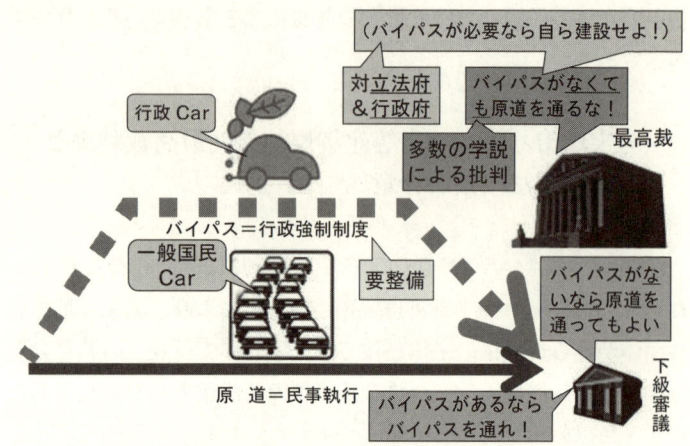

図3　判例法の「バイパス理論」及び最判平 14・7・9 民集 56 巻 6 号 1134 頁の含意

訟案件の輻輳・遅延〕を回避するための「バイパス理論」において，新たな「バイパス」の建設〔現行行政強制制度の大幅拡充〕と，原道から当該バイパスへの「特定車両」の誘導〔行政機関は民事執行制度ではなく，新たに拡充されるべき行政強制制度を活用すべきこと〕）を示唆する黙示的メッセージを発し（図3参照），いわばトップダウン型の消極的タイプの政策形成[33]を行ったものとみることができる。客観的にみても本判決により当面利用不能となった民事執行を代替する「間接行政強制制度」や直接強制制度などの新たな行政強制手段の導入を図るべき必要性はさらに高まったと考えられる[34]。本判決後既に9年を経過しているが，現状においては，本判決により従前の下級審判例により限定的に開かれていた司法

---

[33]「裁判所による政策形成」について，フット（2006）第6章及び第7章を参照。

[34] 本最高裁判決の評価については，西津（2006）21-24 頁を参照。

的執行の途すらも大幅に閉ざされたにもかかわらず，行政強制制度の拡充が一向に着手されないことよって，前述の行政執行上の行政強制消極主義はさらに進行し，問題状況をますます深刻化させていると思われる。

他方で，民事法においては，平成15年及び16年の民事執行法改正による民事執行上の間接強制の適用範囲の拡張により，従来直接強制のみによることとされてきた物の引渡債務や代替執行のみによることとされてきた作為債務，さらには扶養義務等に係る金銭債権についても，債権者の申立てにより間接強制によることもできることとされ，私法・公法両分野の強制執行制度のアンバランスが一層拡大していることも看過されてはならない。

5 わが国の行政強制・行政制裁制度の改善に向けた立法・行政改革提案

わが国の行政強制制度及び行政制裁制度の改善に向けた筆者の提案については，西津（2006）及び本書第2章以下で詳述しており，詳細はこれらに委ねるが，筆者の提案の主なポイントは次のとおりである。

(1) わが国に再導入すべき行政強制制度の法制度設計においては，わが国の戦前の行政強制法制の修正的・発展的継承の観点から，ドイツのそれを基本モデルとすることが妥当と考える。これは，最優先に導入すべき間接強制手段としての強制金制度のほか，行政代執行制度の改善や補充性原則を明確にした上での現場封鎖制度などの直接強制制度，さらには緊急時対応に係る即時執行制度についても同様であろうと考える。また，このことは，ドイツの連邦及び各州の多様な立法例，同国の多年にわたる多様な制度の運用によって得られた実績データ，各都市等の行政機関の実務

経験及び関係判例の蓄積を参考にすることができるという利点からも肯定されうると考える。なお,その際,法的運用基準として比例原則の実定化を行うとともに[35],前者の制度名称については,刑事罰としての罰金や行政上の秩序罰としての過料との混同を避けるため[36],ドイツにおける立法上の政策的配慮に鑑み,従来の「執行罰」という戦前からの講学上の名称は,「強制金」や「間接強制」などに改めることが望ましい。

(2) 現行法上は,条例によって執行罰などの間接行政強制制度を創設することは,行政代執行法1条及び2条の明文により同法に違反するものと解さざるを得ないと考えられる。しかしながら,当面の立法論としては,地方議会による地方公共団体の自治立法である条例によって,各地域の実情に応じた行政強制制度の創設を認めることが妥当であると考える。なお,行政代執行法の所管府省は,従来不分明とされていたが,筆者の調査によれば,同法の過去の改正経緯と関係府省設置法上の「包括所掌事務条項」の変遷から,現時点では,総務省であると推測される[37]。

(3) 行政上の秩序罰たる過料を科すことによっても制裁の目的を十分達しうる各種の行政規制違反行為に対しても広汎に罰金などの行政刑罰を科すこととしている現行の行政刑罰制度のあり方は,立法者意思に反してその機能不全をもたらしているばかりでなく,比例原則の第二部分原則である必要性の原則にも抵触し,加えて上訴手続の問題もあり,憲法不適合のおそれがありうるものと考える。その改善方策として,ドイツの秩序違反法制度をわ

---

35 本提案の詳細につき,西津 (2006) 185-188 頁を参照。

36 このような法制度の混同は,第二次大戦前から今日に至るまで広く存在しており,執行罰は行政刑罰により完全に代替しうるといった議論もその一つである。

37 行政代執行法の所管府省問題については,本書71-73頁を参照。

が国に適するかたちで本格的に導入することより，わが国の現行行政刑罰制度及び過料制度の抜本的改革を図ることは，不可避の憲法的要請であるとともに，可及的早期に実現されるべき行政法制度改革の重要課題である[38]。これによって当事者の権利利益の保護を図りつつ，行政上の義務の実効的な履行確保を図ることができると考える。

(4) 新たな行政強制制度及び秩序違反法制度の導入については，構造改革特別区域での試行的制度化によって，わが国におけるこれら制度の実効性を十分検証した上で，全国的な本格導入を図ることを提案する。また，これらの制度の本格導入に先立って，同区域での試行によって得た各種データによって規制影響分析を行い，多面的な事前評価を実施することを提案する[39]。

(5) 本書が提案する行政強制制度の大幅拡充を実現させ，同制度の執行実務上の適用の大幅な拡大を目指すためには，地方公共団体等の行政部内の執行体制をさらに拡充強化する必要がある。本書では，特に，法律専門職としての（法科大学院を修了し，司法試験に合格した）法務博士の国や地方公共団体への採用を促進し，各規制行政分野に適した新たな又は改善された行政強制制度の企画立案（法制度設計）や新制度適用の指揮監督業務などに従事させることにより，「少数精鋭」の執行体制を構築することが有益であると考える[40]。

---

38 本提案の詳細につき，西津（2006）201-207頁を参照。
39 間接行政強制制度に関する同種の提案につき，西津（2006）195-198頁を参照。なお，定量分析による規制影響分析に関する最新の解説書として，山本ほか（2009）が詳細である。
40 地方公共団体による間接行政強制制度の運用体制の構築方策について，西津（2006）205-206頁を参照。また，三好規正（2008）229-231頁は，執行罰制度の再導入提案に関連して，その執行のための地方公共団体の行政組織の再編方策を詳細に提案している。

また，現在わが国政府レベルでも検討が進められている「道州制」などに代表される包括的地方分権政策の進展により，近い将来において道州などの広域地方政府に国の立法権が広範に移譲されることになれば，ドイツの連邦法及び各州法により形成されているヴァリエーションに富んだ行政強制法制のように，わが国でも各地方公共団体の自治立法である条例によって，従来からの行政強制制度の重大欠缺を補填するとともに，各地域の実情に即した行政上の義務履行確保制度の設定が実現されることも大いに期待される。その際，当該制度の効率的な運用を図るためには，中小規模の市町村までもが個別に独自の執行体制整備を図ることは効率的・現実的でなく，当面は，既に一部の自治体間で取り組まれている租税滞納整理組合のような一部事務組合や広域連合などによる広域的共同執行体制を構築し，さらに将来的に道州制への移行が実現した場合[41]には道州のレベルでの広域的な立法・執行体制を整備することが望ましいと思われる。

---

[41] 2008年3月24日に，内閣官房に設置された道州制ビジョン懇談会は，特命担当大臣（道州制担当）に対し，概ね10年後を目途として，道州制の導入をめざすとする中間報告を提出している。同中間報告については，http://www.cas.go.jp/jp/seisaku/doushuu/index.html （2009年5月1日現在）を参照。

第2章　行政の緊急措置と比例的リスク管理

〈本章の概要〉

　現代社会では，科学技術や経済社会の急速な発展により多様な法的リスクが発生し，かつ顕在化している。このため，各種行政規制分野においては，行政機関が法律や条例などの明確な根拠規範のない状況下においても，憲法原則と解される比例原則に則った最善のリスク管理によって行政強制を行い，国民・市民の権利利益を最大限保護することが求められる。

　本章では，このような行政上の緊急措置に関連する判例として行政法学上引用されることの多い浦安鉄杭撤去事件最高裁判決の事例を取り上げて調査し，比例原則を踏まえた厳密な法的分析を行った。この考察を踏まえ，個別の違反事案に応じた最適な強制を実現するためには，先行研究によって指摘されている，わが国規制執行行政機関の行政指導に過度に依存する体質を改善すべく，行政機関に複数の強制手段の選択肢を与える行政強制法制度の拡充とその採否を統制する比例原則の実定化が望まれることを提言する。なお，本章主題に関する補論として，福島第一原発事故に伴って実施された周辺住民避難措置について，比例原則を踏まえた法的考察を行い，このような未曾有の重大緊急事態における比例的リスク管理のあり方についても提言する。

1　問題提起

1-1　行政の緊急措置とその法的統制

「行政の緊急措置」とは，法律による行政の原理の例外として，国民の生命，健康などの重要な法益の保護のため緊急の必要がある場合には，法律の根拠がなくとも，一定の要件の下に行政の介入が認められることがあるのではないかという問題である。行政の緊急措置を発動すべき事態の例としては，潜在する重大なリスクが突然に発現するケースとして，例えば，2011年3月11日に発生した東日本大震災のような予期せざる巨大地震とこれによる大津波などの天災により原子力発電所の重大な事故が発生した場合や近時懸念されている鳥インフルエンザウイルスなどの突然変異によって人に重篤な症状をもたらす新型インフルエンザ感染が社会的に広範囲に発生した場合など極めて深刻なケースも想定されよう。

このような，場合によっては行政の緊急措置を執らざるを得ないような切迫した状況下においては，単に当該措置の根拠となる法律や条例などの根拠規範が存在しないという理由のみで，法律による行政の原理を口実として対応に当たるべき行政機関の不作為（顕在化したリスクの管理の放棄）が是認されるものではなく，そのような不作為によってもたらされた重大な損失については，国民や市民に対して適正なリスク管理を行うべき行政機関に対して法的責任が厳しく問われることは不可避であろう。他方で，そのようないわば限界的な緊急事態におけるリスク管理にあっても，超法規的な緊急措置の発動によって生ずる国民や市民の権利利益の侵害を最小限度にとどめるため，緊急のリスク管理にあたる行政機関も，関連する憲法原則，特に比例原則による法的統制には

服すべきである。

本章は，行政法学において行政の緊急措置に関する代表的判例として多く引用される，最判平成3年3月8日民集45巻3号164頁のいわゆる浦安鉄杭撤去事件の事案を分析対象として，社会的リスクの発現形態としての違法な社会的危険行為に対する対処方策を検討する。そして，法社会学における規制執行過程論において蓄積された知見を踏まえ，比較法制度論及び比較執行過程論との関連において，いかなる法的統制のもとでいかなる法的リスク管理がなされるべきであるかを，その最適な実施を可能にする法的制度基盤のあり方についての考察に重点を置きつつ，立法政策論的観点から考究する。

1-2 規制執行行政機関のインフォーマル志向問題

規制執行過程に関する法社会学研究の最大の成果として，規制執行行政機関のいわゆる「インフォーマル志向」が認知されている（北村 (1997) 237-273 頁，六本 (1991) 35-36 頁）。これは端的には，行政規制の執行にあたる行政機関が，規制違反の是正において，行政強制手段の適用や罰則適用のための告発というフォーマルな手続をとることを躊躇し，インフォーマルな手続としての行政指導の実効なき反復にとどまる傾向にあることを明らかにしたものである。先行の規制執行過程研究においては，このインフォーマル志向の要因として，行政の執行意識，関連法制度，行政のリソース，行政組織外の作業環境など（北村 (1998) 140-142 頁）についての分析が行われており，非常に重要な知見が提示されている。

私見では，このようなわが国の規制執行機関に広く認められるインフォーマル志向は，わが国の行政上の義務履行確保法制の重大な不備に起因するところが少なくないものと考える。そこで筆

者は，前述の先行研究の発展的継承として，特に立法論的な視点から関連法制度要因の重みを把握するため，行政強制制度や行政上の秩序罰制度が整備され，長年にわたってその運用実績を積んでいるドイツとの実証的な比較執行過程研究を行うことにより，前述の先行研究の要因分析に新たな知見を加えうるものと予想しており，その本格的な実施は他日を期したいと考えている。

少なくとも，前述の法的状況にあるドイツにおいては，わが国のような行政指導に過度に依存するインフォーマル志向は認められず，むしろ，規制執行過程の比較的早期の段階から，規制執行行政機関が，後述する比例原則に基づいて，適用基準等[1]による法的統制の下で，積極的に行政強制手段や行政上の秩序罰の適用を行う「フォーマル志向型」であると評価することができる（西津（2006）117-122頁のドイツの諸都市における行政強制処分及び行政上の秩序罰の適用実績データ及び同268-273頁の違反建築に対する個別の処分事例を参照されたい）。

敷衍すれば，わが国の規制執行行政機関には，各種規制の違反状態を是正するための法的手段の選択肢が，行政代執行法が定める代替的作為義務の行政上の強制執行としての行政代執行及び個別規制法の罰則に規定される懲役，罰金などの行政刑罰と極めて限られている。また，これら「フォーマル」な法的手段のいずれ

---

[1] 例えば，バイエルン州行政送達・行政執行法32条は，代執行は強制金が奏功しないと認められるときにのみ許容されると規定し，連邦の行政執行法12条は，代執行又は強制金によって目的を達せられないとき，又はこれらが実施困難なときにのみ，直接強制を適用しうると定めている。また，ベルリン州では違反屋外広告物の撤去は代執行の適用が原則とされているが，大規模な違反電光広告板については，例外的に強制金の適用が判例により認められている。さらに，行政上の秩序罰たる過料の額の算定基準として，過料カタログが定められている（西津（2006）89-91頁，114-115頁）。

もが「機能不全」に陥っていることが，行政法学における法社会学的研究成果として認知されており（宮崎良夫（1990）222-224,228頁以下，福井（1996）206-212頁，宇賀（2011）225-226, 238-239頁，大橋（2004）393-397頁），わが国の規制執行過程においては，これらの強制力を伴う法的措置は，重大な社会的問題となった事例などを除いて殆ど発動されることがない。このため，多くの規制執行行政機関は，概ね「やむなく」，前述の先行研究が示すように，法的拘束力を伴わず任意に違反の自主的是正を促す誘導的な「インフォーマル」な措置である行政指導に専ら依存せざるをえない状況にあり，後述の比例原則，特に「過小の禁止原則」に抵触する状況に陥っているものと考えられる。

そのような典型的事例として，岡山市行政代執行研究会（2002）では，確信犯的な大規模違反建築事案で，その発見から代執行の実施までに11年半の歳月を要し，この間100回にも上る行政指導を反復したが当該違反建築の除却の目的を達することが全くできず，当該建築物による生活上の危険を感じる周辺住民の早期是正要請を受けて，最終的に行政代執行を実施し，多大の行政資源を投入してようやく違反物件の除却を実現した事例が報告されている。

1-3 比例原則によるリスク管理——比例的リスク管理

比例原則は，警察比例の原則とも称され，行政法学上，警察権の発動をはじめとして国民の権利・自由を制約するすべての行政活動においては，その手段・態様は除去されるべき障害の大きさに比例しなければならず，選択可能な措置のうちで必要最小限のものを採用しなくてはならないとする原則をいう。

この比例原則は，日本国憲法13条後段に根拠を有する憲法原則であるとするのが，行政法学における多数説であり（今村成和

ほか（2002）98頁，芝池（2006）84頁，高木（1993）228頁，藤田（2003）100-101頁ほか），筆者も現代行政における基本的人権擁護のための立法・行政の裁量統制の重要性に鑑み，この説を支持するところである。

比例原則は，次の3つの部分原則から構成される（概括的には萩野（2004）22頁，より詳細には西津（2006）70-73頁参照）。すなわち，①適合性の原則，②必要性の原則及び③狭義の比例性原則である。①適合性の原則とは，問題となる措置ないし手段によって目的達成がそもそも可能であること（抽象的達成可能性で足る）をいう。②必要性の原則とは，いかなる措置ないし手段もその目的を達成するために必要な限度を超えてはならないことをいい，当該措置ないし手段の目的が，他の同様の効果を有する代替的措置ないし手段で，その相手方の権利をより少なく侵害するにとどまるものによっても達成しうるときはこの原則違反となる。さらに，③狭義の比例原則とは，問題となる措置ないし手段について，その相手方等にもたらす不利益とそれによって実現される公共ないし私的な利益とが相当な比例関係にあることをいう。

このうち，③狭義の比例性原則においては，私見では事後的司法審査と事前の立法・行政過程における選択とでは，利益衡量のあり方が異なるものと考える。また，これら3部分原則は，上掲の順序でその適合性審査がなされるべきものとされているが，筆者は，②及び③の部分原則は，代替的措置との比較衡量によって同時に一括して審査するのが効率的かつ合理的であると考える（図4参照）。ここで表1をもとに模式的に考察してみよう。

伝統的な比例原則における狭義の比例性原則においては，表1の第1行に示す，これから採用しようとする，ないしは問題となっている措置（MID：measure in dispute）によって得られる利益に比して，それによって失われる利益が過大でないことが求められ，

1 問 題 提 起   31

比例原則適合性審査の流れ →

【境界線上の利益衡量】

《三つのハードル走》

適合性の原則   必要性の原則 ＋ 狭義の比例性原則

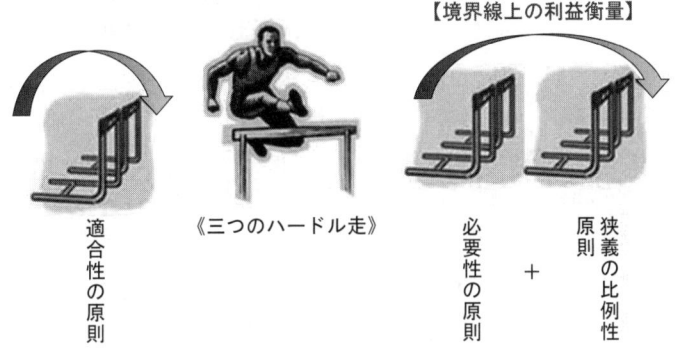

図4　比例原則の3部分原則・あてはめイメージ

表1

	得られる利益：benefit	失われる利益：cost
問題となっている措置	B（MID）	C（MID）
より制限的でない他の選びうる手段（or 代替的措置）	B（LRA1） B（LRA2）	C（LRA1） C（LRA2）

事後的司法審査においてもこれについての法的評価が中心となる。

　これに対し，米国の「より制限的でない他の選びうる手段の基準（LRAの基準）」においては，「境界線上の利益衡量」として，現にとられている問題の規制によった場合に，それによって失われる憲法上の利益の程度及び促進される政府の利益の程度と，より制限的でない他の選びうる手段によった場合に，それによって損なわれずにすむ憲法上の利益の程度及び失われる政府利益の程度を両者の効率性やコスト，行政の負担や便宜，その他の社会的影響を考慮して行う利益衡量が提唱されている（Bastress（1974）p.1023，右崎（1987）231-232頁，西津（2006）80-83頁，藤井（1981）

298頁)。筆者は,特に主題の行政による比例的なリスク管理をより徹底したものにするため,行政機関が強制措置を選択する場合などの狭義の比例性原則の適用においては,この境界線上の利益衡量を行うべきであると考える。

すなわち,規制執行行政機関には,採用しようとする措置(表第1行)とこれに代替しうる,より制限的でない(LRA: less restrictive alternative)(複数の)措置(表1第2行)を多面的な利益衡量によって比較検討し,当該措置によって得られる利益と失われる利益の総合的衡量において最も優位となる措置を採用すべきことが,比例原則から要請されるものと考えるのである。すなわち,前掲表1についてみれば,B(MID)−C(MID)≧B(LRA1)−C(LRA1),B(LRA2)−C(LRA2),……であることが求められる。換言すれば,B(LRAn)−C(LRAn)>B(MID)−C(MID)となるような代替的措置nが存在すれば,採用しようとする措置は,より厳密な境界線上の利益衡量の結果として,狭義の比例性原則に適合せず,比例原則違反と評価されるのである。

この場合,当該措置をとらなければ発生すると予測される社会的損失は,得られる利益のうちに機会費用として算入され,当該措置に要する費用やこれによって相手方などに生ずる損失(違法に形成された事実などに係る利益は除かれる)は失われる利益に算入される。

ところで,前述の行政の緊急措置においても,当然に憲法原則たる比例原則は適用され,仮に根拠規範のない状況下で,行政機関が命令やその強制のための措置を執らざるを得ない場合においても,当該行政機関は,比例原則に適合するようにそれらの措置を講ずべきことが義務づけられるものと解する。このことを本章では「比例的リスク管理」と称することとする。この場合,筆者

は，比例原則への適合は緊急性の要件（大橋（2004）34頁）[2]と並んで，当該緊急措置の違法性を阻却する事由の一つとして位置づけられるべきであると考える。

2 比例原則からみた事例分析

2-1 浦安鉄杭撤去事件の主な事実関係とその法的評価

最判平成3年3月8日民集45巻3号164頁において，原審が適法に確定した事実関係は以下のとおりである。なお，筆者の浦安市に対する本件事案処理に関する情報開示請求を主とした調査で補足的に確認された点を［括弧］内に併記する。

河川法適用の一級河川である境川は，旧江戸川から分岐し，浦安市市街地部分（約2km），第一期埋立地部分（約1.5km），第二期埋立地部分（約1.4km）を経て東京湾に注ぐ河川であり，千葉県知事がその管理権を有し，同管理権の現実の執行は，出先機関である千葉県葛南土木事務所（以下，Yという）が行っていた。

浦安町（昭和56年4月1日より市制を施行して浦安市となる。以下，Xという）に所在する浦安漁港は，（中略）境川河川水面をその区域内の水域とする漁港法（現行の漁港漁場整備法）所定の第二種漁港であり，Xが漁港管理者に指定され，その維持管理をし，（中略）同管理権を行使していたが，違反行為取締りの根拠となる同法26条の漁港管理規程は制定されていなかった。

境川においては，昭和49年頃に始まったヨット，モーターボート等の河川法所定の許可を受けない不法係留や木杭等の係留施設

---

[2] 大橋（2004）34頁は，他に回避手段の相当性，回避された法益侵害と現に生じた法益侵害との均衡を挙げるが，これらは比例原則に包摂されうるものと考える。

の不法設置が同52年頃から増加し、そのため境川を航行する1日約160隻の漁船等の水路が狭められ、船舶の接触、破損等の事故が発生して漁民等からの苦情が多くなり、同55年5月に［不法係留施設等の影響を調査し、その対策を検討するためのXの部内組織として、助役を委員長とし、建設部長、住民福祉部長ほか関係課長を委員とする］境川ボート等調査委員会が設けられたが、その当時、境川の第一期埋立地部分に約135隻のモーターボートが、第二期埋立地部分に約50隻のヨットが不法に係留されていた［これらの不法係留等の取締りについてのX町長から千葉県知事あての昭和55年6月17日付け文書によれば、「数年前より不法繋留及び施設の撤去を依頼しているにもかかわらず（河川管理者である県は）現在まで何ら具体的処置を講じなかった」としている］。

Xは、昭和55年6月4日午前10時過ぎ頃、境川に鉄杭が打ち込まれ非常に危険なので早急に対処してほしいとの地元漁師からの［当初のXへの通報は町議会議員によるとする内部メモあり。なお県では既に3日の段階で県企業庁葛南建設事務所からの連絡によりYが現地調査を行っている］通報を受け、直ちに調査したところ、第二期埋立地高洲地先の川幅43mの境川の河心（右岸から約21.5mの地点）及び右岸側（右岸から約1.5mの地点）に、長さ12mと10mの鉄道レールが約15mの間隔で、2列の千鳥掛けに約100本、全長約750mにわたり打ち込まれていて（以下、「本件鉄杭」という）、船舶の航行可能な水路は、水深の浅い左岸側だけとなり、照明設備もなく、特に夜間及び干潮時に航行する船舶にとって非常に危険な状況であることが判明した。そこで、Xは、本件鉄杭を直ちに撤去させるべきであるとの意向を固め、本件鉄杭の打設者を捜す一方、従前の境川の管理執行方式に従ってYに対し本件鉄杭の早急撤去方を要請した。Yは、Xの埋立て工事を所管する千葉県企業庁葛南建設事務所からもその撤去の要請を受けたので、

同日その打設者であるサンライズクラブ（以下，Zという）の代表者に対し本件鉄杭の至急撤去を要請し，同者から翌5日中に撤去する旨の回答を得た。

　本件鉄杭の打設は，浦安釣船協同組合設置の桟橋下流に水管橋が架設されることとなったが，同桟橋等に係留のヨット約70隻のマストを立てての水管橋下の通過は不可能であることから，その架設前に同水管橋の下流に同ヨットの係留施設を設置しようとしたものであり，Zは既に多数の会員に，同ヨットを同月7日及び8日に一斉に移動させ，本件鉄杭に係留することを通知しており，Xは，この移動計画を葛南建設事務所から聞知した。

　Xは，6月5日，Zの代表者の前記回答の期日の本件鉄杭の撤去につき確認したが，撤去実施の様子は全く認められなかった。X町長は，船舶航行の安全及び住民の危険防止の見地から本件鉄杭の強制撤去をYに強く要請したが，同月8日以前の撤去はできないとのことであった［Yの内部メモによれば，Yは5日午後4時過ぎに（後述の文書の交付後）県議会議員を通じて撤去の実施に2日間の猶予期間を与える旨を口頭で伝達している］ので，Yが撤去措置をとらないのであればXが独自に撤去する旨を通告し，前掲の境川ボート等調査委員会を招集して強制撤去を決定し，請負業者と撤去工事の請負契約を締結した。他方Yは，同月5日午後4時頃［Yの内部メモでは3時半頃］本件鉄杭の同月6日中の撤去を指示する「不法設置工作物の撤去について」と題する文書をZの代表者に交付した［筆者は本文書の法的性格を次のように理解する。すなわち，同文書は手書きで「千葉県東葛飾郡浦安町今川地先において，貴殿が設置した繋船用柱（鋼材）は，法律に違反した工作物ですので，昭和55年6月6日中に撤去するよう指示します。」と記載したものであるが，河川法上河川管理者がなしうる監督処分としての命令の根拠規範である同法75条を引用しておらず，また，「命令」という明確な

法令用語も用いていない。よって，当該文書は，河川法75条に基づく措置命令ではなく，既に口頭により行った行政指導を，書面により期限付きの明確な形式で行ったものと認められる］。

6月6日午前8時20分頃Ｘの職員らが現場に到着したが，Ｚの代表者による撤去作業開始の気配がなく，既に3隻のモーターボートが本件鉄杭に係留されていたので［これは，Ｙの内部メモによれば，強制撤去に対する妨害行動であるとされている］，説得して退去させた上，同日午前9時から翌日午前零時40分までの間にＸの職員及び請負業者従業員によって本件鉄杭が撤去された。そのためＺの会員は，同月7日早朝ヨットを移動させるため集合したが，その移動を中止した。

2-2 本件強制措置の背景及び実態並びにその法的評価

(1) 本件強制措置の背景及び実態

今回開示された範囲でのＸの内部資料による限り，本件強制撤去措置の実施決定段階では，Ｘは，従前から境川の不法係留問題に対してＹがＸの要望に従って適切な対応をとってこなかったことが遠因となって本事案が発生したと認識していたと思われる。この点は，事後にＸ町長から千葉県知事宛に発出された6月17日付けの公文書において，「数年前より不法繋留及び施設の撤去を依頼しているにもかかわらず現在まで何ら具体的処置を講じなかったため町はやむをえず，去る6月6日強制撤去を実施せざるを得なかったことは非常に遺憾であります」との記述があることからも窺える。加えて，同文書は，不法な繋留や施設などにより「防災上も最悪の環境となり住民からの苦情が絶えません」としており，規制違反に対する住民からの苦情が身近な基礎的自治体であるＸに多数寄せられていた点も重要である。広範な住民による違反に対する苦情や取締要請がインフォーマル志向の転換要因

2 比例原則からみた事例分析

となりうることは、岡山市の大規模違反建築に対する代執行実施事案においても示唆されており、個別の住民や地元町内会からの取締要望が、行政に大きな負担をもたらす行政代執行にあえて踏み切る決断の重要な契機となっているものと認められる（岡山市代執行研究会（2002）7-8, 13, 15頁）。

　以上の経緯から、Xは本件鉄杭（以下、違法係留施設という）の無許可打設は行政に対する重大な挑戦的行為と認識し、かつその既成事実化を強く懸念し、町長の判断としても町民との関係で断固容認しえないものであるとの認識が示されている。本事案において、Xが、前述のわが国の規制執行行政機関の一般的傾向としてのインフォーマル志向とは一線を画し、河川管理者としての規制執行権限を有するYを督励し、迅速に対応しないYに代わって直接自ら強制的な違法係留施設の除却措置を行うという積極的かつ迅速な対応をとった背景には、以上のように、Yの従来からのインフォーマル志向型対応によって町民の権利利益侵害が放置されてきたことに対するXの積年の不満があり、それが本件「重大障害事案」の発生に際して、権限のあるYをさしおいての「突出した」ともいえる積極的対応につながったものと認められる。

　また、Xの強制撤去の緊急実施決定に際しての事前検討の段階で、代替案との比較などによる詳細なリスク検討が行われた形跡は見あたらず、当該強制措置に関する事前の法的検討はほとんどなされていなかった模様である。このことは、Xの内部メモにおいて本事案処理は「法的以前の問題」とする記述があり、さらに事後の6月11日に開催された境川ボート等調査委員会で「強制撤去等について法的根拠を調査すること」及び「撤去費用については今後どのように対処するか」が議題とされていることからも窺える。

(2) 本件強制措置の法的評価

本判決はXのなした本件鉄杭の強制撤去を行政代執行法による代執行としてその適法性を検討しているが，この点には問題がある。すなわち，XはZに対して本件鉄杭の除却についての漁港法上の命令を発してはいない。また，Yも前述のとおり，Zに対しては口頭及び書面による「行政指導」しか行っていないと評価すべきものであり，XはYの適法な命令に基づき，無論法的には不可能であるが，Yにいわば「代位」して代執行を行ったと評価することも困難である。すなわち，筆者は本件でのXによる違法係留施設の強制撤去は，命令を先行させず直ちに物に対する実力行使を行う行政法学上の「即時強制」と評価すべきであると考える。

仮に，本件事案において，Zが本件違法係留施設を設置する工事の途中段階でその事実をX又はYに発見された場合，河川法に基づく河川管理上の監督権限を有するYは，Zの工事を中止させることが現実にできたかという問題がある。この場合においても，YはZに対し，当該工事を直ちに中止するよう行政指導を行ったであろうが，Zがこれに従わず工事を続行した場合，Yに残された手だては，河川法75条に基づく監督処分としての工事中止命令である。しかしながら，河川法上同命令への不服従に対しては同法罰則により行政刑罰を科すこととされてはいない。これについては，措置命令の対象となる無許可占用等の違法行為自体が罰則の適用対象とされており，「間接的に義務履行の担保をしている」と説明されている（河川法研究会（2006）451頁）。これは，旧漁港法（現行の漁港漁場整備法）についても同様であり，漁港漁場整備法39条の2の監督処分としての命令には行政刑罰による威嚇力は与えられていない。このため，河川区域内や漁港の区域内の水域での無許可による物件の設置行為自体はいずれも罰則により処罰の対象となりうるが，その設置工事中止や撤去の命令

の法的威嚇力は行政指導と何ら変わりがない。この点は、例えば同じ公物管理法の代表例である道路法とは異なる立法例であり、公物管理の監督処分の実効性確保の観点からは、現行河川法及び漁港漁場整備法の監督処分たる命令は違反者に対する行政刑罰による威嚇効果がない点で、法的威嚇力が不十分である。このため、河川管理者たるYないし漁港管理者たるXの執りうる、措置命令の履行強制に向けた法的手段は、行政代執行に限られることとなる。ちなみに、旧河川法には砂防法36条に相当する執行罰制度が設けられていたが、1964年に公布され、翌年施行された新河川法からは関係規定が削除されている。

また仮に上述の措置命令が罰則により担保されていたとしても、行政刑罰を科すためには、有罪確定判決が必要となるため、相手方による上訴手続も含めればその適用にはかなりの長期間を要し、しかも、当然のことながら、違反者に刑罰を科すのみでは、物理的な違反状態を是正すること（違反物件の除却、土地の原状回復など）にはつながらない。さらには、前述の「行政刑罰の機能不全」問題が存在するため、罰則による行政刑罰は、措置命令を無視する「確信犯的な」違反者に対しては、威嚇効果を通じた間接的な法的強制手段としての実効性に乏しいと言わざるを得ない。

(3) **本事案の強制措置への比例原則の適用評価**

本事案においては、Zの予定する本件違法係留施設へのヨット等の移動係留の時期が間近に迫っていたという状況が確認されている。この状況を踏まえると、Zに対して当該違法係留施設撤去の行政指導を行うのみで、行政代執行の緊急実施に消極的な（少なくともXに対して、行政代執行の緊急実施を確信させ得なかった）Yの対応（MID/Y）については、「過小の禁止」を内容とする比例原則に適合するものではないと評価する。すなわち、本件の場合、Z所属の多数のヨット等の本件違法係留施設への移動が行わ

れれば，客観的に見て他の船舶の安全な通航に重大な危険や障害を生ずることは容易に予測されえた。このため，先ず緊急にYが行うべき措置（LRA/Y）は，Zに対する本件違法係留施設へのヨット等の移動係留の中止及び当該施設の早期撤去に係る河川法75条に基づく正式命令の発出並びにこれらを補完するための当該違法係留施設の撤去までの間の船舶の安全通航を確保するための周知・誘導などの措置が考えられる[3]。先ずは，間近に迫ったヨット等の移動係留を阻止することができ，当面の船舶通航に対する危険を許容限度近くにまで低減することができれば，当該違法係留施設撤去を合法的手段により実現する時間を稼ぐことができる。前述の移動係留中止命令や施設撤去命令は罰則によっては担保されないが，単なる行政指導よりは，相手方に対する「名目的な」威嚇力の点においては明らかに優るといわなければならず，また，後者はYがとりうる現行法上の唯一の強制手段である行政代執行の前提としても不可欠である。この場合，本件違法係留施設の強制撤去実施の緊急性は，通航船舶に対する一定の周知・誘導措置を講じてもなお残る事故発生の危険度との関連において評価すべきである。本事案においては，当該違法係留施設の設置状況からして，限られた時間内においてYやXが講ずることのできる一般的な周知・誘導措置をとったとしても，なお通航船舶の事故を防止し得たかは大いに疑問であり，さらに移動係留禁止命令の法的威嚇力の欠如（罰則なし）からこれが無視されて本件違法係留施設に多数のヨット等が移動係留された後においては，さらに危機的な状況の出現が想定され，総合的に見て当該状況のもたらす危

---

[3] この点を指摘する判例評釈として，櫻井敬子（1993）法学協会雑誌110巻10号1575頁，原田尚彦（1991）法学教室135号43頁，塩野宏（2001）『法治主義の諸相』有斐閣127頁がある。

険性は明白かつ現在のものであったと評価しうると思われる。

　したがって，本事案における比例的リスク管理から導かれる最善の執行措置（LRA/Y）としては，Yは直ちにZに対し河川法75条に基づいて正式に，本件違法係留施設へのヨット移動係留の中止命令及び可及的短期の履行期限を設定した当該違法係留施設の除却命令を発し，期限の徒過後，同命令の強制のため速やかに行政代執行手続を開始し，事前手続としての戒告や代執行令書の通知を省略してでもその可及的早期の完了を図ることであったと考える。この点，命令などによる義務づけを経ないで直ちに事実行為がなされる即時強制よりも，命令等を経てなされる行政代執行の方が，相手方にとってより経済的な自主的命令履行の余地（B1〔LRA/Y〕）を与えるほか，事後的な争訟による救済の面からもZにとっての法的利益（B2〔LRA/Y〕）の大きい手段と評価することができる（阿部 (1997) 428, 434頁，塩野 (2009) 234-235, 256-257頁，須藤 (2007a) 161-163頁，西津 (2007) 1-2頁）。なお，これらの措置命令については，行政手続法の不利益処分に該当することから，本事案の発生が仮に同法施行後であったとすれば同法13条1項2号に定める事前の弁明の機会付与の手続が必要となるが，本件のような緊急のケースでは，同法13条2項1号により，これを省略することができると考える。この場合，前者の移動係留中止命令については，現行法上は強制執行手段が存在しないが，立法政策的には，このような不作為の命令を強制するため，強制金などの間接強制やそれが奏功しない場合には最終的な強制手段としての直接強制（本件違法係留施設の封印など）が適用できるように行政強制法制を拡充すべきである。

　Xがとるべき最適の行政の緊急措置（LRA/X）も，Yが本来なすべきそれに準じて構成される。すなわち，仮に漁港管理規程が定められていないため監督処分としての命令の発出の根拠規範及

び法的権限がないとしても、Xは当該規程が定められていればこれに基づいて発出し得たであろう上掲の各命令を発出した上で、事前手続省略による行政代執行を緊急に実施することが最善の方策であったと思われる。しかしながら、YがZの設定したヨット移動予定日より前の時点での本件違法係留施設の撤去は困難であると表明しており、ZがYの書面による行政指導により自主撤去の約束をしながら、ヨット移動予定日前日の朝においても作業開始の気配がなく、加えてその時点で既に3隻のモーターボートが本件違法係留施設に係留されていることが発見されたという状況においては、Xが独自に上掲の各命令を発出せず直ちに即時強制の実施（MID/X）に踏み切ったことは、これによるZの実損害（C〔MID/X〕）も限定的であり、本件判旨のとおり、次善の「やむを得ざる適切な措置」であったと評価せざるを得ないものと考える。

本事案におけるYの対応（MID/Y）については、おそらくは行政代執行実施の意思決定までには相当程度の時間を要し、それまでの間は書面ないし口頭による行政指導の反復などの「過小な」対応で推移した可能性が高いと思われる。他方、Xの措置（MID/X）は、法律による行政の原理を逸脱する重要な法的問題を内包しつつも、前述の規制執行機関の通弊たるインフォーマル志向に陥ることなく、「例外的に」極めて迅速に最適措置に準ずる比例的なリスク管理を実施しえており、行政の緊急措置として違法性阻却を認めることも可能ではないかと考える。

3 行政の緊急措置における比例的リスク管理とその実現方策

本事案のように、行政機関が行政の緊急措置を執らざるを得ない場合において、適時適切に比例原則に則った最適の措置を執る

ためには、いくつかの代替的措置案のうちから、過剰や過小の案を排し、前述の境界線上の利益衡量によって最適な執行措置を短時間のうちに選択・実施する必要がある。しかし、わが国の現行行政強制法制のように、一般的行政強制手段としては代替的作為義務にのみ適用しうる行政代執行しか設けていない法制の下では、事案の進展状況に応じた最適なリスク管理を行うための行政強制手段の幅広い選択的適用ができない。具体的には初期段階、すなわち本事案では、本件違法係留施設の設置工事の実施中の段階では、これを中止させる行政強制手段が存在しない。また、判例上、いわゆる行政上の義務の民事執行も認められないこととされたため（最判平成14年7月9日民集56巻6号1134頁）、執行行政機関は民事執行を活用できず、必要となる行政強制手段を、これに関する法律や条例などの根拠規範のない状況下で、自らアドホックに創設して適用するしかない。したがって、理論的には、執行行政機関は比例原則上最適の行政強制措置を適用するため、根拠規範のない命令発出に加えて、根拠規範のない行政強制手段を適用するという、いわば法律による行政の原理を二重に破るかたちで最適の措置を適用するのか、あくまで現行法上の行政強制手段によることとして、当該工事の完了後に通常多大の額に上る代執行費用の大半の自己負担（相手側の資力不足などにより、代執行費用の大半を事後徴収できない場合）をも覚悟した上で、唯一合法的に実施しうる強制手段としての行政代執行を実施するかの問題となるが、現実的には後者に流れる可能性が高い。その際に問題となるのは、この現行法上唯一の一般的行政強制手段である行政代執行制度は、前述のように機能不全状態にあり、これを発動する行政機関の側に多大の人的・経費的負担を生ずることから、一般的には容易にはその実施に踏み切ることができず、本件のYのように「遅延執行」につながるおそれが強い。よって、行政代執行制

度をより機動的に採用可能な選択肢になしうるよう，行政機関にとってより使いやすいものに改善する立法政策が望まれる[4]。いずれにしても前述の超法規的な最適執行措置の選択適用が可能か否かは，ひとえに当該行政機関の「比較法的知識」の多寡によって左右されることとなり，前述のような強制力を伴わない行政指導中心のインフォーマル志向型の執行体制の下では，高度の法的専門知識の具備を前提とし代替案の利益衡量を経た迅速な意思決定による行政の緊急措置の最適執行の実現は，現状では実務的に極めて困難ないし不可能と言わざるを得ない。

そこで将来的に，執行行政機関による最適執行措置の「合法的な」選択とその実施を確保するためには，第一に，現行の行政強制法を大幅に拡充し，相手方の意思を強制し自主的な義務履行を実現するための，強制金などの実効的な間接強制的手段[5]やこれが奏功しない場合の最終的な強制手段として，代執行がカバーし得ない非代替的作為義務，受忍義務及び不作為義務を執行行政機関自らが実現する直接強制手段[6]を，出来れば「行政強制一般法」において拡充し，正規の行政強制手段の選択肢のメニューを大幅

---

[4] 日独の行政代執行制度の比較を踏まえたわが国の同制度の改善方策については，本書第3章を参照。

[5] 独，仏，米の行政上の間接強制制度とその運用実態については，西津（2006）第6章及び第7章参照。

[6] 例えば，App und Wettlaufer (2005) S. 212, Sadler (2011) S. 278 によれば，ドイツの各州の建築法（Bauordnung）には，違反建築に対する直接強制処分としての封印 (Versiegelung) の制度が設けられている（詳細につき，本書第4章134-136頁参照）。このような直接強制としての封印による違法工事中止命令の強制のための法制度の導入は，本書第4章132-133頁に示すとおり，既に昭和42年12月13日の建築審議会の答申において提言されている（雄川ほか（1977）75頁）。

に増やすこと,第二に,同法において比例原則の実定化[7]を図り,規制執行行政機関による多様な措置の選択における効果裁量を当該処分の事前の行政内部の決定過程及び事後の救済に係る争訟過程において,明確な法規範によって適正に統制する必要がある。ちなみに,独日の現行の行政上の義務履行確保のための行政強制手段を概括的に比較整理すると表2のとおりである。

表2

適用対象義務	ドイツ	日本
代替的作為義務	代執行(Ersatzvornahme)	代執行
(代替的作為義務)・非代替的作為義務・受忍義務・不作為義務	強制金(Zwangsgeld),代償強制拘留(Ersatzzwangshaft)	執行罰*
代替的作為義務・非代替的作為義務・受忍義務・不作為義務	直接強制(Unmittelbarer Zwang)	直接強制*

＊：極めて少数の立法例にとどまる個別法上の制度

また,第三には,主題の行政の緊急措置において上述のように拡充された多様な行政強制制度を,比例原則に則って,規制保護法益や処分名宛人の権利利益などを適正に比較衡量して,短期間に最適執行手段を選択・実施するためには,例えば,行政代執行の発動に際して弁護士などの行政外部の法律専門家を活用するような従来型のアドホックな対応(岡山市行政代執行研究会(2002)36頁)では不十分であり,地方公共団体等の規制執行機関の執行体制自体の拡充を避けて通ることはできない[8]。この点については,

---

[7] ドイツの連邦及び各州の行政強制一般法である行政執行法は,比例原則を実定化した規定を設けている(連邦の行政執行法9条2項ほか。西津(2006)96-98頁参照)。

[8] 行政組織の規制執行能力の問題について,北村(1997)265-266頁参照。

法科大学院を修了した法務博士の積極的登用などにより，法律専門職を強化した広域レベルの規制執行体制を構築することが望ましい（本書99-100頁）。併せて，予め各規制分野における行政強制処分等の適用に関する内部基準を定めて，行政手続法12条1項に準じてこれを公にするなどの規制執行機関の適正な裁量統制を図りうる制度運用インフラの構築が肝要である。

さらに第四には，本件のように，規制執行行政機関の通弊としてのインフォーマル志向を脱して強制手段を発動した例外的事案においては，事前に広範な地域住民による違反行為に対する苦情や取締要請が出されていたことが行政を突き動かす重要な要因となっていると認められることから，規制の受益者である住民等から規制執行行政機関に対し，強制処分の発動を法的に促す途を開く制度を導入すべきである。これについて参考となる立法例としては，フランスの環境法典 L. 581-32 条の違反通告制度がある。これは，所定の要件を充たす非営利社団（association）及び無断で違反広告物をその所有する土地等に掲出された一般住民の違反通告により，市町村長等に是正命令などの強制処分の発動を法的に義務づけるものであり，比喩的に "aiguillon"（牛追い用の突き棒）と呼ばれている（西津（2006）208頁脚注363）。すなわち，同制度は，立法府が行政機関を，期待される法的措置を執るように「駆り立てる手段」として位置づけられている。類似の法制度として，行政手続法の一部を改正する法律案として，規制受益者としての一般国民が規制権限を有する行政庁に対し必要な処分等を行うことを求め，その申出により行政庁に必要と認める処分等を義務づける制度が内閣提出法案として国会に提出されたが（第169回国会閣法第78号），政権交代に係る衆議院総選挙に伴い，審議未了廃案となっている。

以上のような立法措置や規制執行体制の拡充措置を講じない限

り，規制執行行政機関は本事案のYのようにインフォーマル志向を容易に脱することができず，往々にして「過小執行」や「遅延執行」の通弊に陥り，その結果として平時においても規制違反行為による法益侵害を十分に是正し得ないばかりか，行政の緊急措置を講ずべき緊急かつ重大な局面においても，同様なかたちで比例的リスク管理による最適執行措置を迅速にとり得ないおそれが極めて大きく，これによって重大な社会的損失の発生を十分に防止し得ない可能性が大きいと強く懸念される。

4　結語——今後の発展的研究への展望

　現代社会においては，科学技術の急速な進歩やこれによる経済社会の発展によってもたらされつつある地球規模の気候・環境変動，あるいは個人や企業によってなされる種々の脱法・違法行為や危険行為などによって，日々新たに多様な社会的リスクが発生している。このため，行政規制はともすれば突然に顕在化する社会的リスクの管理に対して多くの場合に後追い的にならざるを得ず，その結果，本章冒頭に述べたように，本来あるべき行政規制等の根拠規範が未整備のなかで，行政として社会防衛や広範な市民の権利利益保護のために必要な緊急措置をとらざるをえない事態が出現することは，今後とも大いに予想される。本章ではこのような社会的リスクを，その顕著な発現形態の一つとしての各種の違法・危険行為に対して行政がその是正に向けた強制措置を発動することを通じて，そのリスクを「比例的に」管理することの重要性とそれを可能ならしめるための行政強制法制等の整備の方向について，行政法学上認知度の高い最高裁判例事案の分析を通じて考察した。本章主題の提起する問題は，本事案のような河川・漁港管理などの公物管理行政にとどまらず，広範な規制行政領域

にすべからく共通するものである。

　今後の本研究の展開の方向としては，環境行政や保健衛生行政などのより重大な社会的影響を招来しうる行政分野について，当該分野における現実の規制執行過程と行政強制制度の相関関係についての実証的研究を，より広範かつ具体的な事例調査を通じて行った上で，両者の改善方策を提案していくこと，加えて，わが国の関連法制度とその実務運用体制のさらなる拡充を促進する観点から，前述の日独の比較執行過程研究を実施し，関連する法制度の改善による実務上の効果を法社会学的に評価・検証していくことが有益と考えられることを指摘しておきたい。

5　補論——福島第一原発事故に伴う周辺住民避難措置の比例原則評価

5-1　福島第一原発事故関連避難措置の実施経緯

　福島第一原発事故発生の進展状況とこれに伴って発動された周辺住民の避難措置は，大括りに整理すれば次の4段階となっている（2011年9月1日現在）。

第1段階（発災初期／3月14日まで）：福島第一原発から半径（当初3km→10km→）20kmの区域に，また，福島第二原発から半径10kmの区域に原子力災害対策特別措置法15条3項に基づく避難指示が出される。この間，1号機から3号機の原子炉で相次いで炉心溶融が発生し，3月12日に1号機建屋，同14日に3号機建屋，さらに同15日には2号機の圧力抑制室及び4号機建屋で水素爆発が発生し[9]，これらの水素爆発によって原発周辺の広汎

9　原子力災害対策本部（2011）IV-32頁。

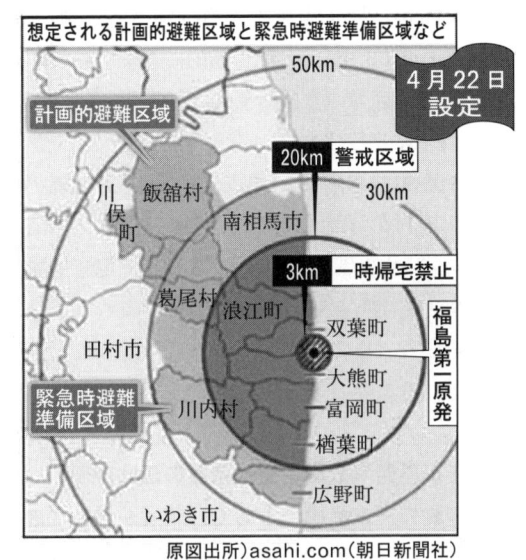

図5 東日本大震災関連行政措置についての考察1
　　　——福島第一原発関連「避難区域」の設定

な地域に膨大な量の放射性物質[10]が拡散した。

　第2段階（3月15日以降）：福島第一原発から半径20kmから30kmまでの区域に上掲の根拠規定に基づく屋内避難指示が出される。これにより，福島第一原発から半径20km内の区域は避難指示，その外側の半径30km内の区域は屋内退避指示の二段階の避難指示となる。

　第3段階（4月22日以降）：災害対策基本法63条1項に基づく警戒区域が原発から半径20kmの同心円内の区域に設定され，そ

10　2011年8月23日の衆議院科学技術・イノベーション推進特別委員会に政府が提出した資料によれば，福島第一原発から放出された放射性セシウム137（半減期約30年）は1万5000テラベクレルに上り，広島型原爆の168.5発分に相当すると報道されている（ウォール・ストリート・ジャーナル日本版2011/8/27）。

の外側に汚染地域が，原子力災害対策特別措置法20条3項に基づく計画的避難区域（5月末までに計画的に避難を完了すべき区域）及び緊急時避難準備区域（常に緊急時に屋内退避や避難が可能な準備をしておく区域）に指定される（図5参照）。

第4段階（6月30日以降）：上掲の避難関連区域外の伊達市，南相馬市及び川内村の4地点の245世帯（8月3日現在）が，年間20ミリシーベルトを越える汚染に係る「特定避難勧奨地点」に指定（原子力災害対策特別措置法に基づくものではない）され，同地点の対象居住者（特に妊婦や子供のいる家庭等）の避難に対し公的支援がなされることとされた。

5-2 福島第一原発事故関連避難措置の法的評価

前述の避難措置の実施経緯のうちで，筆者が最も問題であると考えているのは，第3段階及び第4段階の避難促進措置の実施が，原子炉建屋の水素爆発などによる大量の放射性物質の周辺地域への広域的拡散の発生時点から大幅に遅れてなされたことである。

特に，4月22日に初めて計画的避難区域が設定された飯舘村については，国際原子力機関（以下，"IAEA"と略称）が3月18日から26日にかけ，福島第1原発から25～58キロの9自治体で採取した土壌サンプルに含まれるヨウ素131とセシウム137の量を測定した結果，同村で1平方メートル当たり2000万ベクレル（事後訂正された数値）を検出した。これはIAEAが定める避難指示基準の2倍に相当するとされ，IAEAは「あくまで初期の評価」と強調しつつも，日本政府に対して慎重に状況を評価するよう伝えた。日本政府は同原発の20km圏内を避難地域に，また20～30km圏を屋内退避地域に指定しているが，IAEAは事実上当該範囲の拡大を迫ったと言えると報道された（時事ドットコム2011/03/31）。

この報道について，原子力安全委員会の代谷誠治委員は3月31日午後の記者会見で，IAEAが福島県飯舘村の土壌から高濃度放射性物質を検出し，政府に避難勧告を出すよう伝えていたとの報道について「IAEAは草の上に落ちてきたちりを測定したのであり，土壌をサンプリングしたことはない」と語った。そのうえで「日本は空間線量率や浮遊物の呼気による吸入，飲食物の摂取などを勘案し，土壌ではなく人が受ける放射線レベルで退避などの防災基準を判断している」と述べたと報道された（日経QUICKニュース2011/03/31）。

結局，上述のIAEAの警告から約3週間を経た4月22日に至って計画的避難区域の設定というかたちで追加的避難措置がとられたのであるが，結果として上掲の第1段階の放射性物質の大量拡散期から約6週間にわたり，飯舘村ほかの30 km圏外の住民及び避難者は，何らの公的な避難の指示や支援も受けぬまま，国際基準で早急な避難を必要とする年間20ミリシーベルトを超える高い放射線に曝され続けたのである（後掲図6参照）。

初期的な避難措置対象区域の設定については，前述のように福島第一原発から同心円状に設定されたのであるが，このような区域設定の仕方は原発からの放射性物質の実際の拡散状況と一致しておらず（図6参照），その非合理性についても多く指摘されている。このような避難区域の設定の仕方を，主題の比例原則で評価すれば，以下のとおりである。

新たに計画的避難区域に指定された飯舘村などの高度の放射能汚染地域（図6のAなど）については，公的避難措置の発動と避難の実現の約1月以上にわたる遅れについて，「過小の禁止」に抵触する比例原則違反の疑いがあり，他方で，30 km圏内の屋内退避区域及び新たに災害対策基本法（以下，「災対法」と略称）63条1項に基づく警戒区域に指定された従前の20 km圏内の避難区

域においては、その後の調査で放射性物質による汚染のレベルが避難を必要とする水準を大幅に下回っていることが確認される地域（例えば、図6のBやCなど）については、「過剰の禁止」に抵触する比例原則違反のおそれがあり、いずれも場合によってはその違法性が問題となりうると考える。特に、前者の地域については、地域住民の避難の遅れにより、放射線の外部被曝及び特に危険性が指摘されている長期間にわたる放射性物質の内部被曝による生命・健康被害の懸念があり、中央・地方政府に要請される憲法上の保護義務違反（本書16-19頁参照）ではないかとの批判もなされうるであろう。

すなわち、前述の実際にとられた避難措置に対する代替的な措置としては、周辺地域の外部被曝予測データが入手された可及的

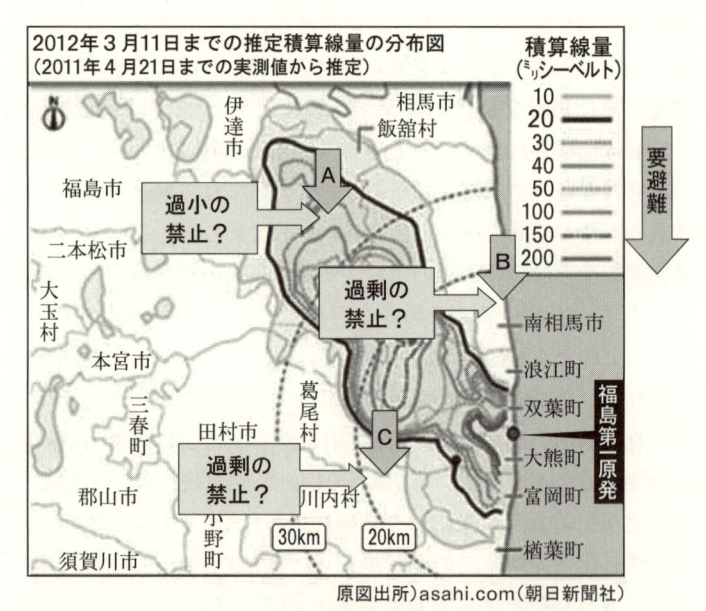

図6　東日本大震災関連行政措置についての考察2
　　——発災から1年間の推定積算線量分布図

早期の段階で,汚染の実態的拡大予測に即した(同心円状ではない)区域設定により,現行法上最も実効性の高い罰則による威嚇力を伴う災対法上の警戒区域設定を行い,場合によっては命令による強制的避難の実現を図ることが想定される。この代替措置の実施によって,最も重要な保護法益としての周辺住民の生命・健康の保全に大きく資しえたと考えられ,また,より危険度の低い地域については従前の生活や就業を継続できることによる利益も実現され,「より最適に近い避難措置」が実現されえたのではないかと思料する。

ところで,現実に発生した一連の水素爆発による放射性物質の拡散のほかに,最悪の場合炉心溶融によって発生するおそれのある水蒸気爆発による原子炉本体の深刻な損壊のような「破局的な爆発的事象」に対して,どのような範囲で予防的な避難措置を講ずる必要があるかは[11],周辺地域の実際上の汚染実態とは別に考慮すべき極めて重要な問題であるが,これについては,どの程度の重大事象がどの程度の確率で発生する蓋然性があるかを予測評価せざるを得ないと思われ,また,過去の国内外の原発事故でも幸いこのような破局的事象には至っていないこともあって経験則上の想定も困難である。そこで,このような事象に備えるために,前述の政府が講じた避難区域設定で十分であったか否かについての評価は,筆者の専門的分析能力を大幅に超えるものであるため,本章ではこの点についての踏み込んだ法的評価を試みることは困難である。ただ,1号機から3号機までの原子炉で発災後の比較的早期の段階で相次いで炉心溶融が生じたとされる[12]極めて深刻

---

11 1〜3号機の全てで炉心溶融が起こったとされている今回の原発事故が,このような破局的事象に至った場合の被害予想等については,一例として,小出(2011)81-85頁を参照。

12 原子力災害対策本部(2011)IV-43, IV-57, IV-69頁。

な事態を生じた福島第一原発事故で上掲のような破局的事象に至らなかったことは，真に不幸中の幸いというべきであり，このような破局的事象が万一発生した場合には，前述の程度の初期的避難措置では「全く過小なもの」となった可能性もあると危惧される[13]。

上掲の放射能汚染の実態を踏まえた「比例的に最適な」避難措置を実施するためには，原発事故による放射性物質の拡散による周辺地域の汚染状況を出来る限り正確に予測又は把握することが必要である。これについては，原発事故による環境への影響を予測評価するために整備されていた緊急時迅速放射能影響予測システム（SPEEDI）のデータを有効に活用することが期待されたが，地震発生直後には緊急時対策支援システム（ERSS）のデータ伝送システムの故障により放出源情報が得られなかったため，本来の機能を活用することができなかった模様である[14]。また，原発周辺地域の環境モニタリングについても，地震や津波により福島県内24基のうち23基が使用不能となったほか，連絡通信が非常に困難になったとされている[15]。原発周辺住民の生命・健康に重大な影響を及ぼす放射性物質の拡散状況についての正確な情報収集は，「比例的に最適な避難措置」の決定のために必要不可欠というべきものであり，これを可能にする情報システムがその効用を最も発揮すべき激甚災害発生時において「盲目」となることのないよう，その機能を確実に保全できるような多重的なバックアップシステムを構築すべきである。さらに，これによって収集

---

13 破局的原発事故に係る超広域的避難地域の想定例として，小出（2011）83頁は，厳格な避難基準を採用した場合の避難地域は，首都圏，甲信越，東北北部まで広がりうるとしている。

14 原子力災害対策本部（2011）V-1，V-2頁。

15 同上 V-13 頁。

された正確な情報を国民に迅速に開示することは，政府の講ずる避難措置をより実効的なものとするための大前提であり，今回のケースを重要な教訓として，「比例的リスク管理」による最適な緊急避難措置の実現を目標として，これに接近するために必要となる各般の施策を怠りなく講ずべきことを最後に指摘しておきたい。

第3章　行政代執行制度の改善提案

〈本章の概要〉

わが国の行政強制制度の主柱をなす行政代執行制度は機能不全に陥っており，多くの規制行政分野で極めて希にしか発動されないため，各種行政規制の違反行為が横行することによって，これら規制の保護法益に対する侵害が恒常的に生じている。このような問題を解決するため，当初制定以来60年余も放置されている行政代執行法の大幅改正により，わが国の行政代執行制度を使いやすい実効的なものにすることが急務である。

本章では，第一に，「ミクロ比較法」的アプローチにより，連邦及び各州で多様な立法例を実現し，わが国よりもはるかに実効的に制度が活用されていることが窺える[1]ドイツの行政代執行制度の制度内容を文献調査により明らかにした。第二に，わが国の主要地方公共団体等へのアンケート調査によって，執行行政実務のニーズを踏まえた制度改善方向を提示し，その実効性に対する評価を把握した。以上により，ドイツの制度を範型とするわが国の行政代執行制度の改善によってその活用が促進され，行政上の

1　ベルリン市シャルロッテンブルク・ヴィルマースドルフ行政区（人口約32万人）では，建築違反等に対し年間40〜50件の行政執行適用実績があり（西津（2006）120頁），また，ザクセン・アンハルト州都のマクデブルク市（人口約23万人）では，迅速に実現すべき違反屋外広告物の撤去命令の強制手段として，原則として，行政代執行を（年間平均40件程度。但し，その実施の実績は僅少）戒告しているとされている（西津前掲書118頁）。

義務履行確保の実効性が向上するという仮説を検証することをねらいとする。

ドイツの行政代執行制度について，わが国の行政代執行制度の改善との関連で特に注目すべきと考えられる点は，①行政代執行費用の事前徴収制度，②比例原則の実定化，③わが国の行政代執行法2条のような制限的適用要件規定の不存在，④一本化された事前手続（戒告）と戒告による行政代執行費用の概算見積額の明示などである。

アンケート調査によれば，ドイツの行政代執行制度に準じた制度改善案について，行政代執行費用事前徴収制度は，平均約30％の目的達成（自主是正）率の見込める間接強制効果があると予測された。また，改善案の総合評価として，行政代執行適用の容易さは現行制度と同程度にとどまるとする意見が最多であったが，僅差で多少は容易になると評価する意見が続いており，また，何らかの改善効果を予想する回答が過半数を若干上回っている。以上より，前掲仮説はある程度は実証されたものと考える。

なお，わが国の行政代執行法の所管省庁は，同法の関連改正の経緯及びその設置法に包括所掌事務条項が定められている府省の変遷過程から，現時点では総務省であると推測される。

1　解決すべき問題——行政代執行制度の機能不全

わが国の行政強制制度の原則的手段である行政代執行制度は，機能不全に陥っているという指摘が少なからざる行政法学者からなされている[2]。このため，違反建築，違反屋外広告物，消防法規

---

[2] 宇賀（2011）225-226頁，同（2006）71頁，大橋（2004）393-397頁，福井（1996）213頁，宮崎良夫（1990）228-244頁，三好（2008）211-

違反などが法的強制手段の発動によって適正に是正されることなく,終局的な違反状態の是正には至らない行政指導の反復に依存することにより,44名もの犠牲者を出した2001年9月の新宿歌舞伎町雑居ビル火災事件や都市の美観風致を損ない,場合によってはその倒壊などによって通行者等に危害を及ぼすおそれもある違反屋外広告物の氾濫などに典型的にみられるように,各種の行政規制法の保護法益としての国民の権利利益が広汎かつ継続的に侵害されている[3]。

ところで,近年,このような行政代執行の機能不全問題から,これに代えて,相手方に予め命令などで違反是正義務を課すことなく,直接的に人や物に対して実力を行使し,あるべき状態を実現する即時強制が,条例を根拠規範とするものを含めて多用されている状況がある[4]。しかしながら,行政にとって簡便な手段ともいえる即時強制については,次のような問題も指摘されている。すなわち,①事前手続のための時間的余裕が全くないほど緊急性が高いとは認められない場合についても制度化され,手続的保障が不十分なものが多いこと[5],②実力行使が継続的でなく目的が即時に完結してしまうときには,行政処分としての命令を介在しないため,行政上の不服申立や取消訴訟などの争訟手段によりえず,事後的に国家賠償等を求めうるのみとなり,私人の権利利益救済の面での制約があること[6]である。そもそも,義務者の保護に手厚く,義務者の自己決定権を尊重したより穏やかな強制手段

213頁など。
3 このような問題状況については,西津(2006)4頁を参照。
4 例えば,屋外広告物法7条4項の簡易除却制度や地方公共団体の不法係留船舶撤去条例など。
5 宇賀(2011)106頁,塩野(2009)253,256頁。
6 塩野(2009)256-257頁。

とするためにも,命令を先行させる行政強制がより望ましいという指摘[7]もある。私見としては,代替的作為の実現手段として即時強制が制度化されているものについても,比例原則に照らして,所要の命令を先行させ,可能な限り本来の行政強制手段である本章主題の行政代執行制度,ないしは西津(2006)においてその再導入を提案した「間接行政強制制度」を積極的に活用することが要請されるものと考える[8]。このような観点からも,行政代執行制度を大幅に使いやすいものにする改善方策の導入が喫緊の立法政策的課題となっているといえよう。

行政代執行の機能不全の原因[9]については,西津(2006)5頁において従前の行政法学での議論を整理しつつ論じたところであり,本章での詳説は割愛する。他方で,法制度自体が,当初の制度設計上の問題から,あるいは不断の改善努力を怠ってきたなどのため,諸外国の類似制度と比較して「使いにくいもの」となっているのではないかといった比較法的分析は,管見の限りでは従来あまりなされていない。いうまでもなく,同制度の重要なユーザーである地方公共団体等の立場からすれば,使いにくい法制度は,使いやすいものに改善することが常に求められるのであるが,行政代執行制度の改善を提案する立法政策論的先行研究は極めて少なく,最近の(財)日本都市センター研究室(2006)17頁以下や宇賀(2006)71-72頁,さらには山谷ほか(2006a)63頁以下がその少数例である。また,行政代執行制度に関する比較法研究も,管

---

[7] 阿部(1997)428, 434頁,須藤(2007a)161-163頁。また,黒川(2008) 117-118頁は,同旨の判例として,横浜地判平成12・9・27判例地方自治217号69頁を引用。

[8] 同旨:美濃部(1940)150頁。

[9] 最新の整理として,(財)日本都市センター研究室(2006)17頁,山谷ほか(2006b)63-64頁参照。

2 本研究が提示する仮説と調査研究手法

見の限りでは,広岡（1961）や同（1981）以降は現れていない。

筆者は,西津（2006）187頁において,個別法において行政代執行法2条の制限的適用要件を緩和する最近の立法例について,そのような限定的な措置のみでは必ずしも行政代執行の適用を大幅に拡大することにはつながらないのではないかという趣旨の指摘を行った。同種の改正の施行後ほぼ7年を経過した屋外広告物法上の代執行の適用実績に関する情報には未だ接しえていないが,同様の改正（昭和45年）から既に約40年を経過している建築基準法については,改正後における行政代執行適用件数の顕著な増加の事実は見出されておらず,あまり変化はないという評価[10]もなされている。

そこで,本研究においては,現行の行政代執行制度には全面的な改善の必要があることを明らかにし,その主要な改善事項を特定した上で,当該改善を行うことにより主題制度の実効性が相当程度向上するという仮説を提示する。

この仮説を実証するため,当面可能な範囲において,西津（2006）において採用した調査研究手法[11]に準じて,比較法的ないし法社会学的調査手法により,本件調査研究を実施するものであり,また本研究は,西津（2006）で提示した間接行政強制制度研究の次段階に位置づけられる「直接行政強制制度研究」の一環をなすものである。

---

10 荒秀ほか（1990）『建築基準法』（第一法規,改訂版）201頁,岡山市行政代執行研究会（2002）267頁。
11 詳細については,西津（2006）11頁以下。

3 ドイツの行政代執行制度の概要とその適用状況

3-1 行政代執行の適用要件と比例原則の実定化

連邦法では，行政代執行の適用要件は「他の者が行うことのできる作為（代替的作為）義務に係る義務が履行されないとき」（行政執行法10条）であり，州法においても概ね同様の規定ぶりとなっているが，「履行されず，不完全に履行され，又は相当な期間内に履行されないとき」のように，より詳細に書き分けている少数の立法例[12]がある。

すなわち，ドイツ法においては，わが国の行政代執行法2条の規定する，補充性要件及び公益性要件は，行政代執行に限った明文の加重的適用要件とはされていない。その代わり，連邦法及び州法においては，比例原則を実定化した規定を設けており[13]，行政代執行を含む強制手段（ほかに，強制金と直接強制がある）の適用を統制している。すなわち，例えば，連邦の行政執行法9条2項は，「強制手段は，その目的に照らし相当な比例関係にあるものでなければならない。この場合，強制手段は可能な限り義務者及び公共の利益に対する侵害が最小限となるように決定しなければならない」（西津仮訳）としている。

3-2 事前手続

ドイツ法における行政代執行の事前手続は，他の強制手段であ

---

[12] Art. 32 Satz 1 BayVwZVG, §21 SVwVG. また，前二者の場合のみを規定しているものとして，§74 Abs. 1 HessVwVG, §50 Abs. 1 ThürVwZVG.

[13] ドイツの連邦及び州の行政執行法で実定化されている比例原則規定の分析については，西津（2006）96-98頁を参照。

る強制金及び直接強制にも共通のものとしての戒告（Androhung）である。なお，行政代執行の前提となる違反是正命令については，ドイツの行政手続法（Verwaltungsverfahrensgesetz）により，聴聞（Anhörung）が必要となる。わが国の行政代執行法3条2項が規定する「行政代執行令書の通知」にあたる第二次的な事前手続は，ドイツ法においては存在しない。

3-3 戒告での行政代執行費用概算見積額の明示

プロイセン警察行政法[14]以降，ドイツの連邦法[15]及びほとんどの州法[16]は，行政代執行の戒告で，行政代執行費用の概算見積額を明示すべきことを規定している。その他の少数の州法は，これに関する明文の規定を置いていない。

連邦の行政執行法13条4項1段の規定は強行規定であり，概算費用が明示されていない戒告は違法無効であると解されている[17]。したがって，概算費用を明示していない戒告に基づいて行われた行政代執行は違法となり，義務者は費用負担義務を負わな

---

14 §55 Abs. 2 Satz 4 PrPVG：原条文及び仮訳については，西津（2006）243-246頁を参照。

15 §13 Abs. 4 Satz 1 VwVG：原条文及び仮訳については，西津（2006）234, 239頁を参照。なお，ドイツの連邦の行政執行法の関係条文仮訳を，本章末尾に参考資料1として掲げる。

16 Art. 36 Abs. 4 Satz 1 BayVwZVG; §20 Abs. 5 LVwVG BW; §23 Abs. 4 BbgVwVG; §19 Abs. 3 BremVwVG; §74 Abs. 3 Satz 1 HessVwVG; §110 VwVfG MV i.V.m §87 Abs. 6 Satz 1 SOG MV; §70 Abs. 1 NdsVwVG i.V.m. §70 Abs. 4 NdsGefAG; §63 Abs. 4 VwVG NW; §66 Abs. 4 LVwVG RP; §20 Abs. 5 SächsVwVG; §71 Abs. 1 VwVG LSA i.V.m. §59 Abs. 4 SOG LSA; §236 Abs. 6 Satz 1 LVwG SH; §46 Abs. 5 Satz 1 ThürVwZVG.

17 広岡（1961）128頁，Sadler（2011）§13 Rdnr. 99, PrOVGE 105, 240, 242, 247.

い。しかし，この概算費用額を戒告で明示する趣旨は，これによってより安価な費用による義務者の命令の自主的履行を促すことにあるとの解釈から，概算費用額を明示しなかった戒告の瑕疵は，義務者による自主的履行が可能な行政代執行の実施着手までの間に概算費用額が別途通知されることによって治癒されるとする判例[18]がある。行政代執行費用は戒告で示された概算額を上回ることも往々にしてあるが，その場合でも執行官庁は差額の事後的な追加徴収を妨げられないと規定されており[19]，戒告という早期の段階での事前手続において費用概算見積額を明示することによる義務者に対する威嚇的効果は大きい[20]と思われる。

3-4　行政代執行費用の事前徴収

広岡（1961）128頁以下，同（1981）16，192頁で既に以前から指摘されているが，ドイツのほとんどの州法[21]は，執行官庁が行政代執行の実施に先立って，義務者に戒告で明示された行政代執行に要する概算費用を負担させることを定めている[22]。戒告で明

---

[18] Sadler (2011) §13 Rdnr. 100: OVG Berlin U 3.12.1968-2 B 55/67-: OVGE Berlin 10, 87, 88= JR 1969, 476.

[19] §13 Abs. 4 Satz 2 VwVG：原条文及び仮訳については，西津（2006）234，239頁を参照。

[20] 同旨：App/ Wettlaufer (2005) §33 Rdnr. 8.

[21] Art. 36 Abs. 4 Satz 2 BayVwZVG; §31 Abs. 5 LVwVG BW; §19 Abs. 2 Satz 1 BbgVwVG; §19 Abs. 2 HmbVwVG; §74 Abs. 3 Satz 2 HessVwVG; §110 VwVfG MV i.V.m §89 Abs. 2 SOG MV; §70 Abs. 1 NdsVwVG i.V.m. §66 Abs. 2 Satz 1 NdsGefAG; §59 Abs. 2 Satz 1 VwVG NW; §24 Abs. 2 SächsVwVG; §71 Abs. 1 VwVG LSA i.V.m. §55 Abs. 2 SOG LSA; §238 Abs. 2 LVwG SH; §50 Abs. 2 ThürVwZVG．：代表的立法例として，ヘッセン州法の関係条文仮訳を，本章末尾の参考資料2に掲げる。

[22] Lemke (1997) S. 354.

示された行政代執行費用の概算見積額は，戒告で定められた命令の履行期限を徒過するとその徴収を決定し，義務者が決定に定められた期限までに当該費用を任意に支払わない場合は強制徴収することもできるが，行政代執行の実施前に義務者が命令を自ら履行したときは，強制徴収手続はその時点で中止しなければならない[23]。これらの規定により，執行官庁は，行政代執行の終了後にその費用を回収できない事態が出現する危険を回避するため，この費用概算見積額の徴収を行政代執行の請負業者との契約に先立って行うのが通常であるとされている[24]。この制度により，執行官庁は，わが国の場合と異なり[25]，概算費用の事前徴収が十分になされれば，多額の行政代執行費用を予め予算計上する必要もないことになる[26]。

このドイツの多数の州法における行政代執行費用の事前強制徴収制度は，義務者の自主的な命令の履行に向けた威嚇という効果において，強制金と同様の「間接強制」としても機能しうるものと考えられる。特に，行政代執行費用の概算見積額が義務者が自ら命令を履行するに要する費用を大幅に上回るような多額に上る場合（そのようになることが多いと想定される）には，その威嚇効果はかなり大きいものと見込まれる。

---

23 §19 Abs. 2 Satz 2, 3 BbgVwVG; §70 Abs. 1 NdsVwVG i.V.m. §66 Abs. 2 Satz 2, 3 NdsGefAG; §59 Abs. 2 Satz 2, 3 VwVG NW; §71 Abs. 1 VwVG LSA i.V.m. §55 Abs. 2 Satz 2, 3 SOG LSA; §50 Abs. 3 Satz 1, 2 ThürVwZVG.

24 広岡（1961）128頁。

25 岡山市行政代執行研究会（2002）124頁：同市では，違反建築物除却に係る行政代執行費用の捻出のため，予算の流用，補正予算案の議決による流用戻しなどが行われたとしている。

26 Sadler（2011）§10 Rdnr. 40.

これに対して，ブレーメン州法[27]では，行政代執行費用の事前徴収は認めず，事後的な決定・徴収のみを認めている。また，連邦法，ベルリン州法及びザールラント州法[28]は，行政代執行費用の事前徴収を認める明文の規定を設けていない。

　ところで，これらの少数立法例をなす連邦・州法の下で，執行官庁は事後的に行政代執行に実際に要した費用を徴収しうるのみか，あるいは明文の規定がなくとも概算費用の事前徴収が認められるかについては，判例・学説上の争いがある。連邦行政裁判所は，行政代執行費用の支払義務は既に行政代執行の執行前においても，その前提となる命令が執行可能となり，かつ強制手段が戒告され，さらに強制手段の決定がなされたときに生じていると判示し[29]，これが現在の支配的解釈となっている[30]。しかし，この解釈に対しては，有力な反対説[31]がある。その論拠として，例えば，Engelhardt/ App/ Schlatmann（2008）§10 Rdnr. 14, Erichsen/ Rauschenberg（1998）S. 35 及び Menger（1977）S. 86 ff. は，この支配的解釈は，法治国家原理に由来する法律の留保の原則に照らし問題であるほか，義務者は行政代執行が実施されるまでの間は，自ら命令を履行することにより，行政代執行費用負担義務を回避しうるのであるから，同費用負担義務は，行政代執行が執行された後に初めて生ずるとする。また，Lemke（1997）S. 356-357 は，行政代執行費用の事前徴収制度は行政代執行とは異なっ

27　§19 Abs. 3 BremVwVG.

28　VwVG, §5a BlnVwVfG = VwVG, SVwVG.

29　BVerwG, U. 16. 1. 1976-4C 25/74-: NJW 1976, 1703.

30　Sadler（2011）§10 Rdnr. 38.

31　App/ Wettlaufer（2005）§33 Rdnr. 8, Engelhardt/ App/ Schlatmann（2011）§10 Rdnr. 14, Lemke（1997）S. 357, Menger（1977）S. 90.

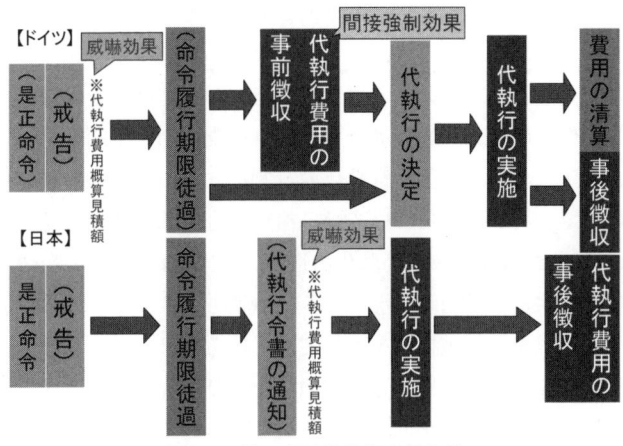

図7 日独の行政代執行手続比較

た「強制金」（Zwangsgeld）[32]類似の機能を有するものであるから，行政執行法上の明文の規定が必要であるとしている。

以上に述べたドイツの行政代執行手続をわが国のそれと対比すると，図7のとおりである。なお，ドイツでは，代執行費用の事前徴収を認めていない州もあるため，当該費用の徴収時期に関して「事前」と「事後」の2つの流れを表示した。

4 民事執行法上の代替執行制度との比較

4-1 代替執行費用の事前支払命令

民事執行法171条4項は，執行裁判所は代替執行の決定をする場合には，申立てにより，債務者に対し，その決定に掲げる行為をするために必要な費用を予め債権者に支払うべき旨を命ずる決定をすることができると規定している。債権者は，この決定を債

---

32 ドイツの強制金制度の概要については，西津（2006）第6章参照。

務名義として金銭執行による事前取立てができる。

　この規定の立法趣旨は，債権の保全ないしは債権者の保護であると考えられる。このように民事執行においては，債権者の権利利益の保護のため，代替執行費用の事前支払命令を制度化しているのに比して，わが国の行政代執行制度において同様の制度が設けられていないことについては，格別の合理的な理由は見出しにくい。特に，人口減少や高齢化の進展，さらには米国発の金融危機を契機とする世界同時不況に伴う国や地方公共団体の歳入減により財政状況が一層厳しさを増してきている今日においては，違反是正費用の原因者負担の可及的徹底を図り，後述の行政代執行制度活用の重要な障碍を低減させる観点からも，民事執行法の代替執行費用の事前支払命令と同様の制度的拡充，すなわち，ドイツの多数の州法の立法例に準じた行政代執行費用事前徴収制度の導入が，民事法との国内法比較の観点からも必要であると考える[33]。

4-2　民事執行法上の代替執行の申立実績

　平成 15 年の民事執行法の改正（平成 16 年 4 月 1 日より施行）により，従前の間接強制の補充的位置づけが見直され，その適用範囲が大幅に拡充された。民事執行法上の強制手段の拡充適用と行政強制法における強制手段の欠缺は，看過し得ない私法・公法間の強制執行法制度のアンバランスを端的に示すものであるが，ちなみに前者における最近 5 年間の全地方裁判所における申立件数は，最高裁判所事務総局に対する筆者の聴き取り調査（平成 23 年 2 月 5 日）によれば，表 3 のとおりである。

---

[33] なお，阿部（1997）424 頁は，命令に際して将来行政代執行により発生しうる債権の見積額を，一定の期限付きで仮差押えにより保全できる特別の制度を設けるべきとする。

表3

	平成18年	平成19年	平成20年	平成21年	平成22年	5カ年平均	割合
代替執行申立て	739	724	668	592	536	652	0.28%
間接強制申立て	242	75	67	72	69	105	0.04%
直接強制申立て	271,245	236,169	226,799	214,949	221,022	234,037	99.68%
動産執行	109,694	90,900	73,519	68,589	72,728	83,086	35.50%
不動産等引渡	27,526	26,610	25,962	27,363	29,742	27,441	11.72%
動産引渡	259	272	274	323	51	236	0.10%
船舶国籍証書等引渡	21	28	17	15	18	20	0.01%
自動車等引渡	800	802	946	983	1,051	916	0.39%
不動産等執行	7,267	5,600	4,731	4,745	4,970	5,463	2.33%
債権等執行	125,678	111,957	121,350	112,931	112,462	116,876	49.94%

　代替執行の申立件数が概ね漸減傾向にあるのに対し，間接強制のそれは平成18年までは増加していたが，平成19年に急減し（理由は不明），それ以降はほぼ横ばいとなっている。なお，間接強制の申立てについては，特定の地方裁判所で特定の年に集中的になされている点に留意する必要がある。

　以上のように，民事執行法上最も活用されている強制手段は直接強制であり，特に債権等執行，動産執行及び不動産等引渡において多く活用されているが，代替執行についても年間平均650件程度の申立実績があり，民事執行のように正確かつ包括的な統計のない行政強制分野とのデータ面での比較には困難性があるが，民事執行法上の代替執行の適用実績は，後述の行政代執行の適用実績に関するアンケート調査結果（6-2(2)）などを勘案すれば[34]，義務者不明の場合に行われる「簡易」ないし「略式」の行政代執行を除く正式の行政代執行のそれを極めて大幅に上回っているものと推測される。

---

[34] 行政代執行の適用件数が多いと推測されている（平川（2007）341頁など），産業廃棄物不法投棄に係る行政代執行の適用実績は，環境省HPで公表されている報道発表資料（「産業廃棄物の不法投棄等の状況について（お知らせ）」）によれば，平成19年度12件（296.3万トン），同18年度16件（406.4万トン）同17年度17件（420.2万トン）となっている（件数は継続分を含む）。

4-3 第二次大戦前における旧行政執行法上の代執行の適用実績

筆者が各道府県の統計書の警察編等について行った調査（西津（2006）41-42頁参照）の範囲内では，戦前の警察による行政執行法上の代執行の適用実績は，同法の執行罰のそれとほぼ同様であり，総じて言えば「僅少」である[35]。同制度の警察以外の行政機関による適用実績も不明であるが，あえてこの戦前の警察による適用実績が僅少である事実のみから代執行制度を評価するとすれば，執行罰制度についての従来からの一般的評価と同様に「実効性に乏しい」[36]ということにならざるをえない。しかしながら，

---

[35] 行政執行法上のすべての強制手段の適用実績を項目立てしている千葉県統計書によれば，明治35年から昭和14年までの38年間において，代執行の適用実績は明治35年の1件（東金署）のみであり，新潟県の統計書においても，大正元年から昭和9年までの23年間における代執行の適用実績は，昭和4年の「官庁ノ執行シタルモノ」1件のみである。また，高知県統計書においては，明治44年から昭和15年までの30年間において，大正9年の21件（「官庁ノ執行シタル者」12件及び「第三者ヲシテ為サシメタル者」9件）のみが代執行の適用実績として記録されているが，これらについて「義務者ヨリ支弁シタル金額」は3500円となっている。さらに，石川県統計書においても，明治44年から大正14年までの15年間で，代執行の適用実績と思しきものは，大正3年の「官庁ノ執行シタルモノ」1件のみである（ただし，同年分の統計自体にはその記録はなく，同年の「戒告後本人ノ履行シタル度数」〔津幡警察署〕の1件が後年の経過統計に誤って計上されたものと思われる）。なお，東京，大阪，名古屋などの大都市部を含む府県の統計書においては，代執行などの強制執行処分の統計項目自体がなく，その適用実績は不明である。

[36] ある強制手段の統計上の適用実績が僅少であることから，直ちに当該手段が「実効性に乏しい」とする評価を導くことは妥当ではない。その客観的な「実効性」の評価のためには，むしろ母数としての適用件数に対する目的達成件数の割合としての「目的達成率」をみるべきである（本書9頁，西津（2006）42頁注76）。

代執行制度は，執行罰制度のように実効性に乏しいとの理由で一般的制度としての廃止はなされず，現行の行政代執行法によって受け継がれ，唯一の一般的行政強制手段として存続された。

5 行政代執行法の所管府省問題

　行政代執行制度の改善は，これまで主に適用要件の特例的緩和措置として，個別法改正により行われてきた[37]。しかしながら，行政代執行法自体の改正によって，本格的な制度改善がなされたことは，同法の当初制定以来全くない。その理由としては，同法の所管府省が従来必ずしも明確でなかったこと[38]，加えて，同法の適用が1970年代の成田空港反対闘争に典型的に見られる[39]ように，「国家権力による強権発動」的な色彩を帯びることが少なからずあったため，前述のような個別法による適用要件緩和措置に係る改正はともかく，行政代執行法本体の大改正は政治的にも，すなわち，議員立法としても取り上げにくく，旧建設省を中心とする同制度の「ユーザー」の立場の府省においても積極的な動きを回避しがちな面があったことも挙げられよう。いずれにしても，わが国の行政強制制度の改革が停滞してきた主要な要因の一つとして，行政代執行法の所管府省が不分明であったことが挙げられることは否定し得ず，またこの問題は，行政代執行制度の改善を含む行政強制法制の改革に向けて，優先的に解決されるべきもの

37　建築基準法 9 条 12 項，屋外広告物法 7 条 3 項など：西津（2006）186 頁注 318）参照。
38　田村泰俊（2011）276 頁，三好規正（2008）232 頁，247 頁注 52，山谷ほか（2006a）67 頁，西津（2006）195 頁注 333）。
39　行政代執行の警備にあたる機動隊と反対派学生などが衝突し，警察官 3 名が殉職した東峰十字路事件など。

であることも疑いの余地がない。

ところで，行政代執行法は当初の制定後3回改正されているが，前述のように単独法改正はなく，すべて他の法律の改正に伴う関連改正である。このうち，昭和37年9月15日に公布された，法律第161号 行政不服審査法の施行に伴う関係法律の整理等に関する法律がある。同法は改正される法律の所管府省ごとに「〇〇府(省)関係」として，各府省の所管法律の一部改正の条文をまとめているが，第1章は総理府関係として，旧総理府の所管法律の一部改正条項を列挙している。このうち，恩給法などの一連の旧総理府本府の所管法律に先だって，第2条に行政代執行法の一部改正が置かれており，行政代執行法が旧総理府の所管法律として位置づけられている。

翻って，総理府設置法には，昭和24年の当初制定時から，また，上述の第3回目の行政代執行法改正が行われた昭和37年時点においても，総理府の任務（3条）及び総理府の権限（4条）には，3条には「他の行政機関の所掌に属しない行政事務」として，また，4条19号には「他の行政機関に属しない事項」として，いわゆる包括的所掌事務条項を置いていた。しかしながら，「行政代執行法の施行に関する事務」というようなかたちでは，上述の総理府設置法には明示されていない。このことから，行政代執行法は，上述の包括的所掌事務，すなわち，「他の行政機関の所掌に属しない行政事務」に含まれるものとして旧総理府が所管するものと整理されていたことが窺える。その後，当該包括的所掌事務条項は，2001年の中央省庁再編において，総務省設置法4条99号に引き継がれることとされた[40]。

以上より，過去の行政代執行法改正の経緯及び関係府省設置法

40　塩野（2006）15頁注(4)，63頁。

の規定ぶりから，行政代執行法は概念的には，旧総理府の所管から，上述の中央省庁再編に伴って，行政組織法的には総務省の所管に移行して今日に至っているものと推測される。

6 主要地方公共団体等に対するアンケート調査

6-1 アンケート調査の目的，対象機関及び内容

(1) アンケート調査の目的及び実施時期

本調査研究の一環として，前述の行政代執行制度の日独比較法からの改善案に対する現場の行政規制実務担当者の評価を知るため，平成18年（2006年）12月に（回答期限は送付から約2週間後とした），アンケート調査を実施した（参考資料3参照）。

(2) アンケート調査の対象機関

アンケート調査の対象機関としては，現行行政代執行法の改善が実現された場合に，これを活用することが予想される機関として，次のものを選んだ。

(a) 地方公共団体

最も頻繁にこれを活用することが予想されるのは地方公共団体であるが，そのうち，主要な団体として，都道府県，都の特別区並びに調査実施時点における政令指定都市，中核市及び特例市を選定することとした。

また，アンケート調査の対象部局としては，行政代執行適用候補事案が比較的多いと想定される違反建築物及び違反屋外広告物の取締担当部局並びに道路及び河川の不法占用取締担当部局を対象とすることとした。但し，当該事案が比較的少ないと想定された市の河川占用担当部局には個別送付は行わなかったが，内部連絡などにより回答があったものも集計に含めた。また，さらに公園管理部局など前掲以外の公物管理部局から回答があったものに

ついても同様に集計に含めた。

(b) 公物管理を担当する国の地方出先機関

公物管理を担当する国の地方出先機関として，国土交通省地方整備局を選定することとし，対象部局としては，対象事案が比較的多いと想定される道路及び河川の不法占用取締担当部局を対象とすることとした。

(3) アンケートの設問内容

本アンケート調査では，行政代執行制度の改善モデルとして，わが国よりもはるかに多くの適用実績を挙げていると思われるドイツの連邦又は州の制度をモデルとした制度改善案を設定し，これについてその違反是正効果の予測評価，すなわち，改善案全体としての評価のほか，特に，費用事前徴収制度の間接強制効果について，仮に同制度を導入し，違反事案に適用したとしたら，どの程度の割合のものについて違反状態の自主的是正を実現できると見込まれるか，を尋ねた。

併せて，制度改善案の個別の構成要素について，それらの効用の予測評価や改善後の行政代執行制度の活用が期待される行政分野などについても尋ねた。

6-2 アンケート調査結果の概要

(1) 回答数と回収率

平成19年（2007年）2月22日現在，アンケートの送付数及び回答数は，グラフ1のとおりであり，送付数491に対し回答数は177で，回収率は約36％であった。

(2) 行政代執行の適用実績

Q2-1は，過去3年内に，アンケート対象部局が行政代執行（相手方不明の場合の「略式行政代執行」を除く）を適用（行政代執行の実施までには至らず，義務者の自主的命令履行により，戒告や行政代

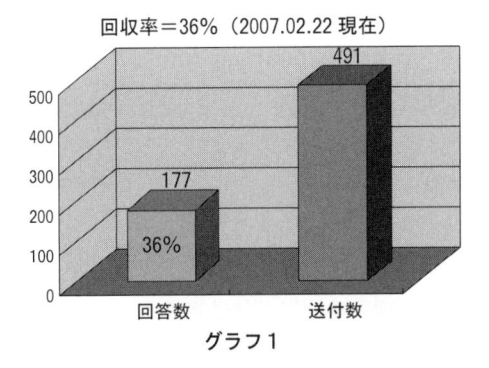

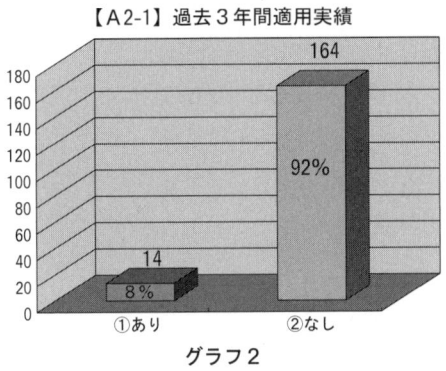

6 主要地方公共団体等に対するアンケート調査

回収率＝36％（2007.02.22 現在）

グラフ1

【A2-1】過去3年間適用実績

グラフ2

執行令書の通知の事前手続にとどまった場合も含む）した経験があるかを問うものである。

　回答結果 A2-1 は，グラフ2のとおりである。

　行政代執行の適用実績のあった部局は14で，回答部局全体の8％にどどまり，適用実績のない部局数は164と，回答部局全体の92％に上っている。このように，規制行政を所管するアンケート調査対象部局における最近の行政代執行適用実績は極めて少なく，行政代執行制度の機能不全実態を示すものと理解できる。

　実績ありと回答された団体・部局（特に非公表要請があったもの

を除く）は，次のとおりである。
- 青森県県土整備部河川砂防課
- 新潟県土木部河川管理課
- 鳥取県県土整備部道路企画課
- 同上河川課
- 愛媛県土木部河川港湾局河川課
- 横浜市まちづくり調整局建築監察部違反対策課
- 京都市都市計画局建築指導部監察課
- 広島市都市整備局指導部建築指導課

（行政代執行適用実績の手続段階別内訳）

Q2-2は，行政代執行適用実績のあった部局に対して，一連の行政代執行手続のどの段階まで実施したかを問うものである。

回答結果A2-2は，次のグラフ3のとおりである。

④：行政代執行の実施を完了して事後の費用徴収まで進んだ件数が10件で全体の53％，①：戒告を行ったのみの件数が5件で全体の26％，②：行政代執行令書の通知まで至ったものが3件で全体の16％，③：一部実施止まりのものは1件（5％）となっている。

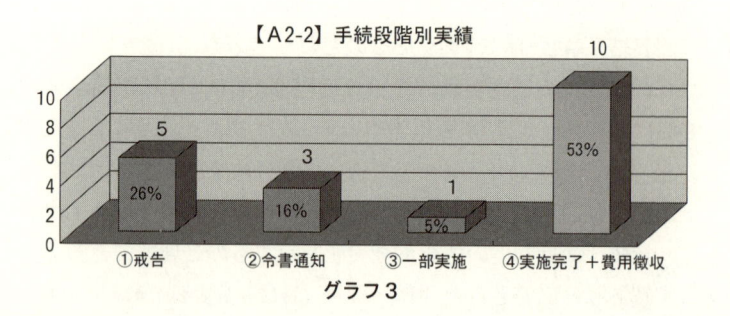

【A2-2】手続段階別実績

	①戒告	②令書通知	③一部実施	④実施完了＋費用徴収
件数	5	3	1	10
割合	26%	16%	5%	53%

グラフ3

（行政代執行費用の回収率）

Q2-3は，行政代執行の実施まで完了した実績のある部局に対して，行政代執行費用の事後徴収により，総費用のおよそどの程度が回収できたかを問うものである。

回答結果A2-3は，次のグラフ4のとおりである。

75％以上回収できたものが5件で全体の63％であり，25％〜50％，10％〜25％，〜10％が各1件（各13％）となっている。

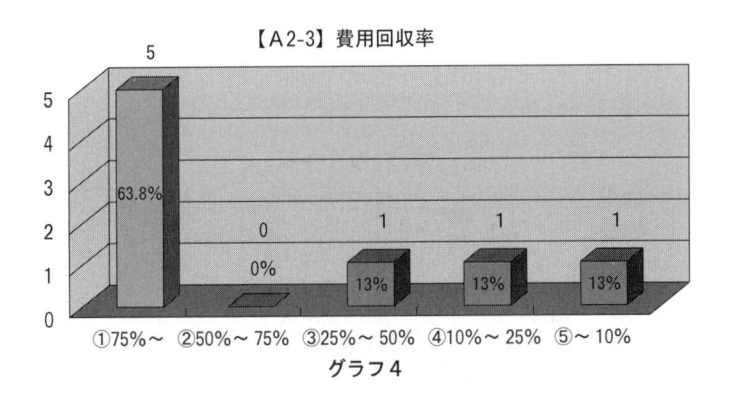

【A2-3】費用回収率

選択肢	件数	割合
①75％〜	5	63.8%
②50％〜75％	0	0%
③25％〜50％	1	13%
④10％〜25％	1	13%
⑤〜10％	1	13%

グラフ4

(3) 行政代執行適用上の重大障碍事由

Q3は，違反事案に係る是正命令の強制手段として行政代執行を適用するにあたって，特に大きな障碍と思われるものを次のうちから3つ選択することを求めるものである。

① 「強権発動的」な強制手段であり，「伝家の宝刀」ともいわれ，極めて重大な案件にしか適用し得ないとされていること
② 法2条の適用案件の規定ぶりが非常に限定的であるため，場合によっては義務者から行政訴訟を提起され敗訴のおそれがあること
③ 適用や実施の準備のため，大がかりな人員・経費を伴う作業を要すること

④費用の事後徴収が困難であり，結果的に行政の大きな経済的負担を生ずるおそれが大きいこと

⑤行政代執行適用の経験が極めて少なく，当該事務に精通した職員がいないこと

⑥行政代執行を適用すると，義務者などから強い反発を受け，行政に対する悪感情を生ずるおそれがあること

⑦行政代執行の適用実施について，法の有権解釈を求める国の省庁が不分明であること

⑧その他

回答結果 A3 は，次のグラフ 5 のとおりである。

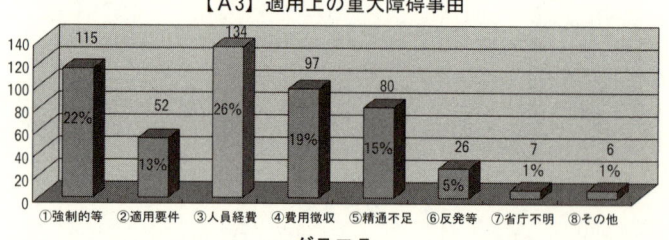

【A3】適用上の重大障碍事由

項目	件数	割合
①強制的等	115	22%
②適用要件	52	13%
③人員経費	134	26%
④費用徴収	97	19%
⑤精通不足	80	15%
⑥反発等	26	5%
⑦省庁不明	7	1%
⑧その他	6	1%

グラフ5

③「人員・経費」が 134 で全体の 26％ を占め最多となっている。①「強権的等」が 115 で 22％，④「費用徴収」が 97 で 19％，⑤「精通不足」が 80 で 15％ などの順となっている。

「人員・経費」の問題は，行政代執行が「強権的等」のイメージから，大規模で重大な事案などに限定して適用されることが想定されており，また，その実施の前提となる各種行政資源の投入が執行行政機関としての最大の問題と考えられているためと推測される。また，「強権的」や「伝家の宝刀」など，少数適用事例のマスコミ報道などを通じて形成されているイメージ的な評価がかなりの程度実務部局に意識されていることが窺える。「費用徴

収問題」のウェイトが高いことはこれに関連する制度改善の必要性を裏付け，また，「職員の精通不足」については，執行体制の見直しの必要を示唆するものである。

(4) 行政代執行費用事前徴収制度の効用評価

Q 4-1 は，行政代執行費用の事前徴収制度が新たに設けられた場合，所管の規制行政において是正命令の強制手段として行政代執行を適用する上での障碍はどの程度軽減されることになるかを次の選択肢から1つ選ぶことにより問うものである。

①極めて軽減される
②かなり軽減される
③多少は軽減される
④現行制度の場合と変わらない
⑤行政代執行の適用は，かえって困難になる

回答結果A 4-1 は，次のグラフ6のとおりである。

③「多少は軽減される」が77で全体の46％を占め最多となっている（「現行より改善（いくらかでも障碍が軽減）」されるとするものは，合計54％で過半数となっている）。他方で，④「現行と同じ」も70で41％に上っている。

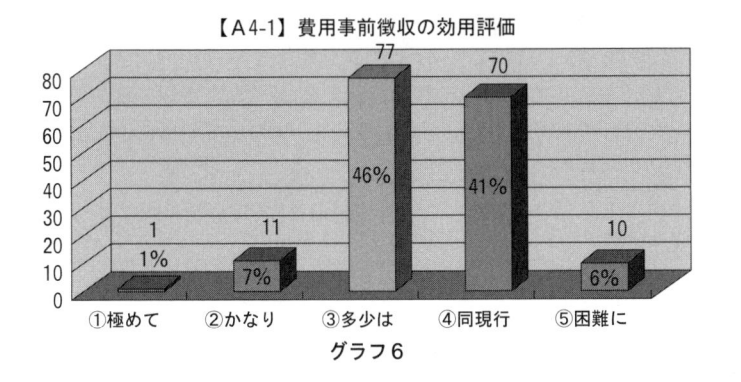

【A4-1】費用事前徴収の効用評価

①極めて	②かなり	③多少は	④同現行	⑤困難に
1 (1%)	11 (7%)	77 (46%)	70 (41%)	10 (6%)

グラフ6

なお，本回答の特段の理由として，緊急に行政代執行を実施する必要がある場合に費用の事前徴収に時間を要することは問題であるとするものが1件あった。

(5) 行政代執行費用事前徴収制度の間接強制効果の予測評価

Q4-2は，行政代執行費用事前徴収制度が新たに導入されたと仮定して，同制度を構成する行政代執行費用の事前支払命令とその強制徴収手続が，どの程度の間接強制効果（義務者による違反状態の自主是正を促す効果）が期待できると予想するかを，次の選択肢のうちから1つ選択することによる問うものである。

①非常に効果があるのではないか（行政代執行費用の事前徴収前に，およそ義務者の4分の3以上が，自主的に違反状態を是正するだろう）

②かなり効果があるのではないか（行政代執行費用の事前徴収前に，義務者の半数以上4分の3未満は，自主的に違反状態を是正するだろう）

③一応の効果があるのではないか（行政代執行費用の事前徴収前に，義務者の4分の1以上半数未満は，自主的に違反状態を是正するだろう）

④あまり効果はないのではないか（行政代執行費用の事前徴収前には，義務者の4分の1未満しか，自主的に違反状態を是正しないであろう）

⑤ほとんど効果はないのではないか（行政代執行費用の事前徴収前には，義務者のうちほとんど誰も自主的な違反状態の是正はしないであろう）

⑥全く見当がつかない

⑦その他：自由記載

回答結果は，次のグラフ7のとおりである。

③「一応の効果あり」として25～50％の自主是正率，すなわち目的達成率を予測する部局が64に上り，全体の37％で最多と

なっている。また，⑥「見当つかず」とするものが33で19％，④「あまり効果なし」として25％未満と予測するものが31で18％となっている。

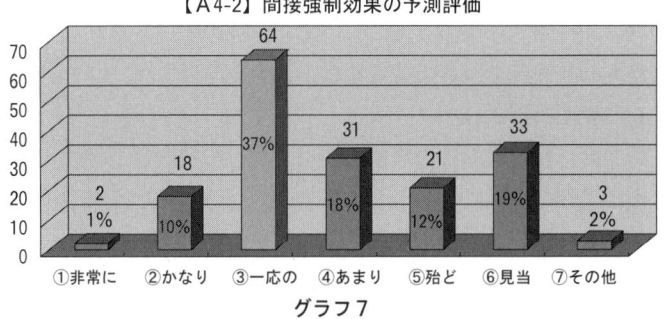

【A4-2】間接強制効果の予測評価

	①非常に	②かなり	③一応の	④あまり	⑤殆ど	⑥見当	⑦その他
件数	2	18	64	31	21	33	3
%	1%	10%	37%	18%	12%	19%	2%

グラフ7

全回答のうち，何らかの効果ありとするもの（①から④までの合計）は全体の66％である。このうち，比較的高い効果，すなわち，50％以上の自主是正率（目的達成率）を予測するもの（①と②の合計）は，合わせて11％である。

なお，有意な効果を予測する①から⑤までを，それぞれ予測目的達成率の平均値（中間値）を87.5％，62.5％，37.5％，12.5％，0％として加重平均すると，全体としての予測目的達成率は約30％となり，およそ適用対象3件につき1件弱程度の自主的違反是正を図りうるという予測結果となっている。

結果的に，行政代執行費用事前徴収制度の間接強制効果は，西津（2006）第8章のアンケート調査による，モデル的強制金制度のそれについての約47％の予測数値に比べると，相当程度低い間接強制効果が予想されている。強制金制度が，戒告額を違法取得経済利益を基準とする上限額まで上乗せでき，また，義務者が命令を履行するまで反復して戒告・賦課決定でき，これにより賦課額が雪だるま式に増えていく運用が可能であるのに対し，代執

行制度においては，代執行費用の上限は一般的に行政代執行費用が自主是正費用をかなりの程度上回ることが多かろうとはいえ，あくまで行政代執行費用の概算見積額に止まり，かつ，義務者からはその一回限りの賦課徴収しかできないことを斟酌すれば，両制度の間接強制効果の評価についての上述の差違もそれなりに妥当なものと評価できるのではないかと考える。

(6) 事前手続の戒告への一本化

Q5は，行政代執行の事前手続を，現行の戒告及び行政代執行令書の通知の二段階方式から，戒告のみに一本化した場合の効果評価を次の選択肢からの選択により問うものである。

①手続の迅速化が図られ，行政の事務的負担軽減の効果が大きい
②全体としての事前準備作業は同じであり，行政の事務的負担軽減や手続の簡易迅速化にはつながらない
③事前手続を戒告に一本化すると，事前準備作業をこれに先立って短期集中的に行わなければならず，かえって行政の事務的負担が増すおそれあり

回答結果は，次のグラフ8のとおりである。

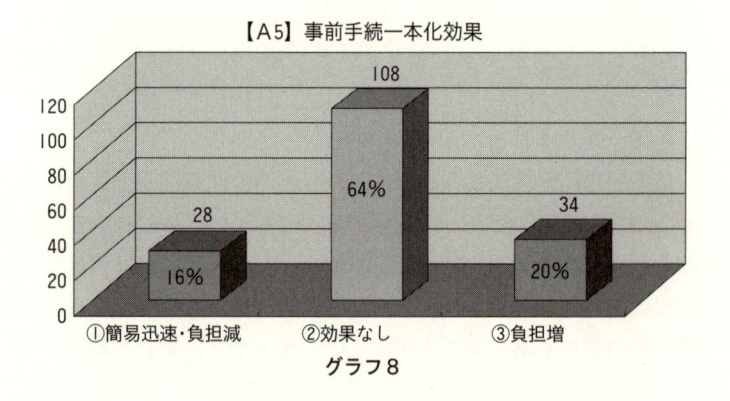

【A5】事前手続一本化効果

①簡易迅速・負担減　28　16%
②効果なし　108　64%
③負担増　34　20%

グラフ8

②「効果なし」が108で全体の64％となっている。③「かえっ

て負担増」が34で20％，①「簡易迅速化等」は28で16％となっている。

①の特段の理由として，ａ）１月程度の期間短縮は可能とするもの，②のそれとして，ｂ）行政代執行を適用する判断と事前準備が問題であり，手続自体の負担は小さいとするもの，③のそれとして，ｃ）現行の二段階式事前手続の方が義務者の自主是正を促す効果が大きいとするものがそれぞれ１件あった。

(7) 戒告での費用概算見積額明示の効果

Ｑ６は，行政代執行の戒告で行政代執行費用の概算見積額を明示することにより，どのような効果が期待できるかを，次のうちから選択することにより問うものである。

①義務者に早期の段階で命令の自主的履行を強く促す威嚇効果を生じ，早期の違反状態の自主是正につながる
②義務者に対して義務の自主的履行を促す効果は期待できず，違反状態の自主是正にはつながらない

回答結果は，次のグラフ９のとおりである。

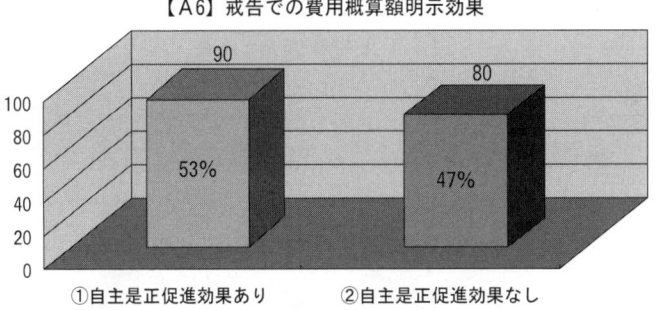

【A6】戒告での費用概算額明示効果

①自主是正促進効果あり：90（53％）
②自主是正促進効果なし：80（47％）

グラフ９

積極・消極両評価がかなり拮抗しているが，①「自主是正促進効果あり」が90で全体の過半の53％であり，②「自主是正促進

効果なし」は80で47％となっている。

なお、②の消極的評価意見のうち、特段の理由として、a）確信犯的な違反者が多く、これらの者は当該費用を明示した戒告を受けても開き直る可能性が強く、自主是正にはつながらないとするものが3件、b）違反状態の継続で利益を得ている場合などは、行政代執行実施直前まで引き延ばしを図るおそれありとするもの及びc）当該費用は行政代執行手続開始前になされる行政指導により義務者に示しており、新たな威嚇効果はないとするものがそれぞれ2件あった。

(8) 比例原則実定化の効果

Q7は、法2条の制限的な行政代執行適用要件に代えて、ドイツの連邦の行政執行法9条2項の立法例のように比例原則を法律上明文で規定して法的基準とした場合、どのような効果が期待できるか次のうちから選択することにより問うものである。

①事案に即した弾力的な判断が可能となり、現行法下よりも多数の行政代執行の適用につながる
②行政代執行の弾力的適用や件数の拡大にはつながらない

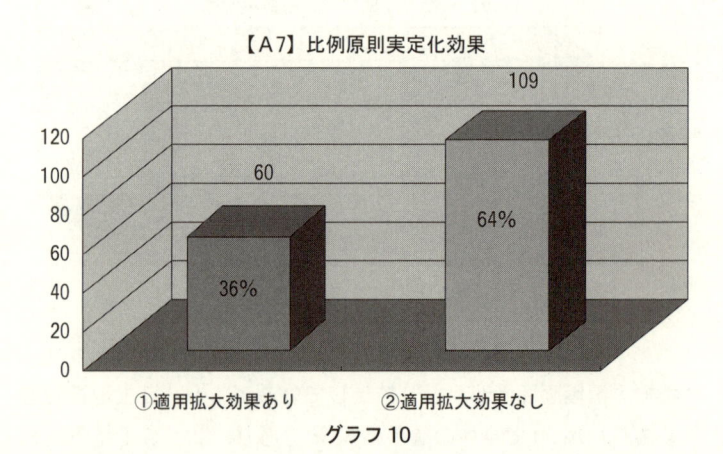

【A7】比例原則実定化効果

①適用拡大効果あり: 60 (36%)
②適用拡大効果なし: 109 (64%)

グラフ10

回答結果は，次のグラフ10のとおりである。

②「適用拡大効果なし」が109で全体の64％に上り，①「適用拡大効果あり」は60で36％にとどまっている。

②の消極的評価の特段の理由として，既に適用要件を緩和した現行建築基準法の下でも，比例原則は考慮することになるとするものが2件，適用拡大効果の判断のためには，判例や法解釈などの蓄積が必要とするもの，比例原則の実定化により，行政への萎縮効果を生ずるおそれありとするものなどが各1件となっている。

(9) **行政代執行制度改善案の効果評価**

Q8は，本アンケート調査で提案する一連の行政代執行制度の改善がなされた場合，違反是正命令等の強制手段として行政代執行の適用（戒告の実施）を行うことが，現行制度と比べて容易になるかを次のうちから選択することにより問うものである。

①極めて容易になる
②かなり容易になる
③多少は容易になる
④現行制度の場合と変わらない
⑤かえって困難になる

回答結果は，次のグラフ11のとおりである。

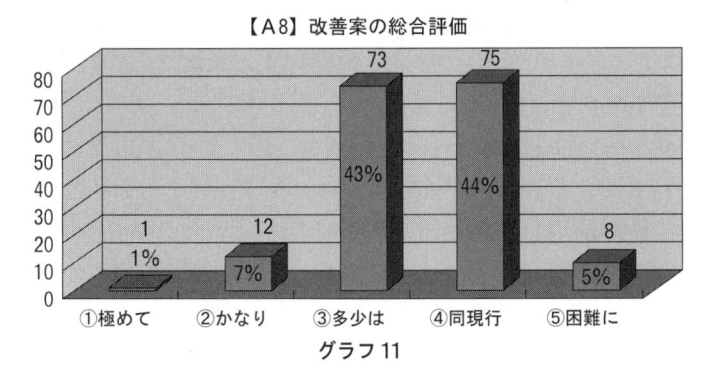

【A8】改善案の総合評価

①極めて	②かなり	③多少は	④同現行	⑤困難に
1 (1%)	12 (7%)	73 (43%)	75 (44%)	8 (5%)

グラフ11

④「現行と同じ」が75で全体の44％を占め最多，続いて僅差で，③「多少は容易に」が73で43％，次に，⑤「困難に」が8で5％，②「かなり容易に」が12で7％となっている。現行より改善すると予想するもの（①＋②＋③）は合計で51％と，わずかに過半数となっている。

特段の理由としては，a）威嚇効果による自主是正は期待されるが，事務手続の負担は軽減されず，適用が容易にはならないとするものが3件，b）改善案により，行政代執行実施前に違反の自主是正が実現される可能性が大きいとするもの，c）費用の事前強制徴収手続のため，かえって行政代執行の実施が遅れるおそれありとするもの，d）事前手続の事務負担は増大する反面，確信犯的な義務者には自主是正効果を見込みにくい，e）無資力者に対する対応が困難，などがそれぞれ1件となっている。

(10) **活用の期待される行政分野**

Q9は，本アンケート調査で提案する行政代執行制度の改善が実現した場合，所管のどのような規制行政分野に活用できそうかを，自由記載により問うものである。

回答結果は，次のグラフ12のとおりである。

「建築基準法違反取締り」が14で全体の23％，続いて「違反屋外広告物取締り」が12で20％，「道路不法占用取締り」，「河川・海岸の不法占用取締り」及び「違反開発行為取締り」がそれぞれ6で10％などの順となっている。

(11) **その他の意見**

Q10は，行政代執行制度の改善について，その他の意見を自由記載により問うものである。

回答結果は，表4のとおりであり，全体で44件の個別意見が寄せられた。このうち，1），3）〜5）は，改善案ないし制度の見直しに対する積極的評価に係る意見であり，合計8件で全体の

【A11】活用が期待される行政分野

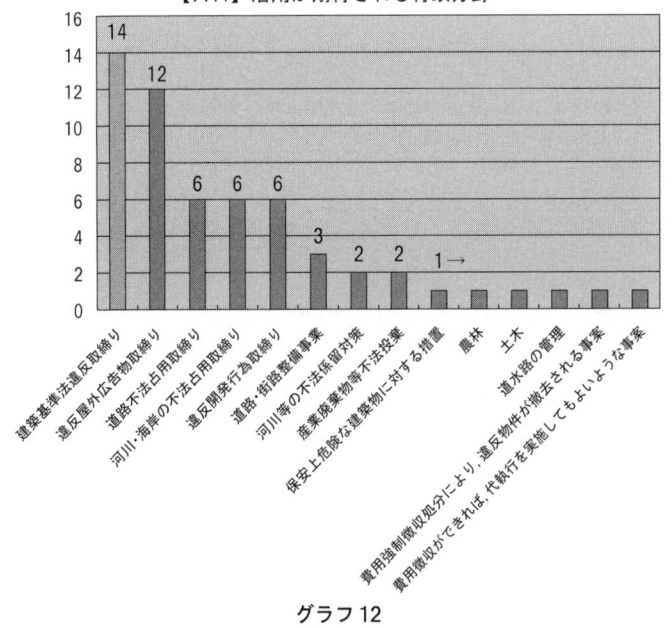

グラフ中の数値（左から）：
- 建築基準法違反取締り：14
- 違反屋外広告物取締り：12
- 道路不法占用取締り：6
- 河川・海岸の不法占用取締り：6
- 違反開発行為取締り：6
- 道路・街路整備事業：3
- 河川等の不法係留対策：2
- 産業廃棄物等不法投棄：2
- 保安上危険な建築物に対する措置：1
- 農林：1
- 土木：1
- 道水路の管理：1
- 費用強制徴収処分により，違反物件が撤去される事案：1
- 費用徴収ができれば，代執行を実施してもよいような事案：1

グラフ12

18％，2），6）〜20），26），27）は，関連する新たな提案や希望を述べる意見であり，合計18件で41％，21）〜25）は，改善案に対する消極的評価などを述べる意見であり，合計5件で11％，28）〜37）は，行政代執行制度に関する実務上の困難さを述べる意見であり，合計10件で23％などの構成となっている。

表4

【A10】その他の意見	回答数	構成比
1) 改善案には，違反建築物の自主是正を促す威嚇効果を期待できる	5	11％
2) 行政代執行実施に伴って必要となる動産等の事後的保管を簡素合理化する改善を行うべき	2	5％
3) 行政代執行法制度の見直し自体は必要	1	2％

4) 改善案は，行政代執行を適用するための有用な方策となる	1	2%
5) 現行法2条の適用要件は，過大な行政の萎縮効果を惹起しており不要	1	2%
6) 行政代執行の適用実施に従事する組織体制の充実がなければ，適用拡大は困難	1	2%
7) 簡略化された手続により，労力をかけずに執行できる制度が望ましい	1	2%
8) 罰則の刑事罰適用のための告発との関連も考慮すべき	1	2%
9) 不法占用物件の所有権を制限するなどにより，簡便な強制執行ができるようにすべき	1	2%
10) 一般市民への行政代執行制度の周知が必要	1	2%
11) 道路占用許可時に撤去費用相当額を徴収しておく制度を設けるべき	1	2%
12) 行政代執行費用徴収事務を専門的な機関に委託するべき	1	2%
13) 行政代執行費用の保険制度を設けるべき	1	2%
14) 行政代執行適用のための判断基準の整備が必要	1	2%
15) まちづくりに関連する行政規制に対する一般の理解の向上が必要	1	2%
16) 事前準備作業も含めて，事務手続の簡略化を図るべき	1	2%
17) 行政代執行の適用対象義務をカテゴリー化し，それぞれについて行政代執行の適用基準を明確化すべき	1	2%
18) 費用事前徴収の間接強制効果については，人員，経費等も含めた総合的評価が必要	1	2%
19) 総合的により簡便な強制手段を要望	1	2%
20) 司法の関与（令状など）を得た上での直接強制的な手段を検討すべき	1	2%
21) 費用の事前徴収制度には事後的清算手続が伴い，かえって手続煩雑化のおそれあり	1	2%
22) 費用の事前徴収制度は，社会的理解が得られない可能性がある	1	2%
23) 適用要件の緩和は意義あるも，適用件数の拡大にはつながらない	1	2%
24) 改善案には威嚇効果はあるが，事務手続の負担は軽減されない	1	2%
25) 資力の乏しい多数の義務者に対する威嚇効果が小さい	1	2%
26) 行政代執行実施に伴って必要となる動産等の保管費用を行政代執行費用として徴収できるようにすべき	1	2%

27）義務者の確定のため，課税台帳や住基ネットの活用ができるようにすべき	1	2%
28）行政代執行の必要な老朽危険建築物で，所在不明ないし無資産の義務者が多く，費用回収が困難	1	2%
29）不法占拠物件の除却命令を出しても，数メートル移動するのみ	1	2%
30）行政代執行適用の判断が難しい	1	2%
31）資力の乏しい義務者については，費用の公的負担が避けられない	1	2%
32）行政代執行の適用が話し合いを絶った強硬な措置として住民・マスコミに批判的に受け取られることが問題	1	2%
33）違反に対し行政指導を超えた強制処分を採用すること自体が困難であり，対応に苦慮	1	2%
34）行政代執行の適用対象となるべき違反物件があまりに多いため，実際上の適用が困難	1	2%
35）行政代執行費用の事前徴収で義務者が自主是正しないケースが多いと，行政代執行適用にはかなりの覚悟が必要	1	2%
36）行政事務のアウトソーシング化の動きの中で，行政代執行制度の適用拡大を図ることは困難	1	2%
37）是正命令の不履行放置が著しく公益に反すると認められるかの判断に苦慮	1	2%
38）耐震偽造物件に対する行政代執行の実施を回避	1	2%
39）比例原則規定の解釈で行政代執行適用の難易が左右される	1	2%
合計	44	100%

6-3 アンケート調査結果による仮説の検証

　以上のアンケート調査結果から，筆者は，本研究において提示する仮説は，少なくとも中位程度の水準において検証されえたものと評価する。

　特に，行政代執行費用事前徴収制度の間接強制的効果については，前述（6-2(5)）のように，拙既往研究である西津（2006）におけるモデル的強制金制度に次ぐ程度の目的達成率が予測されていること，また，提示した制度改善案について，約半数の回答に

よる積極的効果評価を得たことは注目に値するものと考える。

本アンケート調査は、諸般の研究実施上の都合から、未だ海外現地調査を経ない段階でアンケート調査を実施せざるを得なかったことから、また加えて、回答上の予断を可及的に排除する趣旨もあり、ドイツ主要都市などにおける主題制度の適用状況について、十分な情報を提供することをあえて行わなかった。したがって、回答者側の判断のための関連情報がかなり限定されたものとならざるを得なかったというマイナス面も伴う調査となったことは否定しえない。しかしながら、前掲の拙既往研究とともに、規制執行部局を対象とするこのような仮想的法制度に関するアンケート調査は、管見の限りでは前例のないものであり、今後の本研究、さらには関連する調査研究のさらなる展開のための基礎的情報収集を行うとともに、以下7において提案する立法政策に係る意思決定のための重要な参考情報を提供しえた意義は少なからずあるものと考える。

7 規制執行実務を踏まえた立法政策的提言

7-1 行政代執行費用の事前徴収制度の導入

行政代執行費用の事後的徴収の困難性は、行政代執行制度における実務上の大きな経済的負担リスクであり、現下の多数の地方公共団体の財政難状況などから、その積極的活用に向けた重大な障碍となっている[41]。行政代執行費用の概算見積額の事前強制徴

---

41 宇賀（2011）226頁、同（2006）71頁、大橋（2004）394頁、岡崎ほか（2006）63-64頁、平川（2007）339-341頁。また、平子（2003）97頁は、行政代執行の完了によって債権額が確定したときには、義務者たる法人の倒産、詐害行為による所有不動産等への抵当権設定、転売等がなされ、行政代執行費用の回収ができなくなる可能性があることが、行

収を認めるドイツの多数の州法の立法例及びこれに基づく実務運用は、行政代執行を実施する行政機関の費用負担リスクの軽減のみならず、前述の間接強制効果によって、義務者による命令の自主的履行を強く促す副次的効果も有し、行政強制目的の経済効率的な達成につながるものであると考えられる[42]ことから、わが国の行政代執行制度について検討すべき最も重要な改善点であると考える[43]。前述のアンケート調査においても、費用事前徴収制度の効用評価については、全体の54％がこれを積極的に評価している。また、同制度の間接強制効果についても、前述のとおり、何らかの効果ありとするものが全体の66％に上り、平均予測目標達成率は約30％と見込まれている。間接強制の目的達成率予測については、西津（2006）第8章に示されたモデル的強制金制度のそれの約47％には及ばないもののこれに次ぐ程度の効果が見込まれていることを重視すべきである。すなわち、強制金などの間接強制を先行的に適用し、これに応じない場合にはさらに費用の事前徴収を組み込んだ行政代執行を適用することにより、行政強制手続の比較的早期の段階において、強制金と行政代執行費用の2段階にわたる金銭の強制徴収の威嚇による間接強制効果の発現を期待しうることになる。

また、アンケート調査において、費用の事前徴収を前置すると

政代執行の執行困難性の最大の理由であるとしている。さらに、宮崎文雄（2001）15頁以下によれば、産業廃棄物不法投棄に係る行政代執行は年々増加の傾向にあり、義務者不明の場合も多いと思われるが、行政代執行費用の回収率は極めて低くそのほとんどが公費負担となっているとされている。なお、産業廃棄物不法投棄に係る行政代執行の適用状況については、前掲注34を参照

42 この点につき、西津（2006）177頁参照。
43 岡崎ほか（2006）64頁も、行政代執行の費用事前徴収制度の導入を提案している。

緊急に行政代執行の実施をすべき場合に不都合を生ずるとの意見があるが，これについては，費用の事前徴収と行政代執行の実施に向けた作業とを並行して実施することが可能な運用を許容することにより，義務者の資産の早期の差押えなどにより費用の回収を極力担保しつつ，（必要に応じて事前手続を省略するなどにより）行政代執行の実施を迅速に行うことも十分可能であると考える。また，違反屋外広告物などの物件による道路等の公物の不法占用においては，行政代執行費用の事前徴収手続での当該物件の換価処分によって，行政代執行の実施をまたずともその不法占用状態を解消することができることも指摘されているところである。

なお，同制度については，ドイツの連邦行政執行法などのように法律の明文の規定なしに事前徴収を認めることについては，わが国においても，法律の留保の原則及び現行行政代執行法1条による行政強制法定主義から重大な疑義を避け得ないと思料されることから，ドイツの大多数の州法の立法例のように，明文の根拠規定を設けた上でその制度化を図るべきであると考える。

7-2 行政代執行適用要件の緩和と比例原則の実定化

現行行政代執行法2条の行政代執行の適用要件（「他の手段によってその履行を確保することが困難であり，かつその不履行を放置することが著しく公益に反すると認められるとき」）は，立法当時の国会審議記録[44]によれば，行政代執行制度の適用における「濫用を防ぐ」ために設けられたものである。しかしながら，当該要件については，「他の手段」に何が含まれるか必ずしも明確でなく，行政罰や平成14年7月9日の最高裁第三小法廷判決（宝塚市パチンコ店等建築規制条例事件）によりその適用範囲が著しく制限され

44　第2回国会衆議院司法委員会議録第10号3頁の佐藤達夫法制長官答弁。

た[45]行政上の義務の民事執行もこれに当たらないとする見解[46]も
あり，両要件とも比例原則の適用で足りるとする有力な見解[47]が
ある。特に，「著しく」公益に反するという要件は，文言上行政
庁に行政代執行の発動を過度に萎縮抑制させ，あるいは不作為の
裁量判断の重要な法的根拠とされるなどにより，多数の行政規制
違反状態の放置につながる強制執行手段適用の「過小」を誘導す
る結果を惹起しており，規制行政における過小（ないし過少）の
禁止をも含意する比例原則にも抵触しかねないものと考えられる。

他方，この点に着目して，個別行政規制法においては，建築基
準法 9 条 12 項や屋外広告物法 7 条 3 項により，違反建築及び違
反屋外広告物に関する措置命令については，行政代執行法 2 条の
要件を緩和することが立法措置されている。これらの規制分野は，
行政代執行法の立法当時において，行政代執行制度の適用が予想
される代表的な規制分野として例示されていた[48]ものにほかなら
ない。この措置により，当該命令を発した行政機関は，行政代執
行法 2 条の適用要件に代わり，憲法原則と解される[49]不文の比例
原則の制約を受けて行政代執行制度を適用すべきこととなるもの
と解される[50]。但し，立法論的には，行政代執行は義務者が形成
した事実状態に対して重大な侵害を加えるものであるという性格
を持つ一方，違法状態の継続による公益侵害の防止のためには迅
速・適正な強制手段の適用が求められるものであるから，執行行

---

45 同判決の内容とその評価につき，本書 19-21 頁参照。
46 芝池（2006）203 頁。
47 塩野（2009）233 頁。
48 第 2 回国会衆議院司法委員会議録第 10 号 2 頁の佐藤達夫法制長官答弁。
49 西津（2006）75 頁。同旨：芝池（2006）84 頁，藤田（2003）100-101 頁ほか。
50 塩野（2009）233 頁。

政機関に比例原則の「明文の法規定」による適用基準を与えることにより，行政代執行制度の適用における「過剰の禁止（Übermaßverbot）」とともに，その機能不全対策として「過小の禁止（Untermaßverbot）」，すなわち，行政代執行の適用により規制受益者の権利利益を保護すべき場合における執行行政機関の不作為の抑制を図ることが望ましいと考える。

そこで，筆者は，現行行政代執行法2条の加重的適用要件を外し[51]，代わりに前述（3-1）のドイツの行政執行法のように[52]比例原則を実定化する規定を新設して，行政代執行の適用に係る行政機関の裁量を明文の法的基準により統制することを提案する。この点，アンケート回答では，比例原則の実定化による適用促進効果はないとする意見が多数であるが，これは既に建築基準法，屋外広告物法などの重要な規制行政分野において，行政代執行法2条の適用要件の緩和が立法措置されていることが判断要素となっているものと認められる。しかしながら，間接強制手段の導入など今後の行政強制制度の大幅拡充をも視野に入れれば，行政強制法上これらの強制手段間の適用関係等を規律する成文法規範の必要性はなお否定しがたいものと考える。

比例原則及びその行政強制法における実定化提案については，西津（2006）第5章及び第9章185頁以下において詳述しているので本章での詳説は割愛するが，国民の権利利益保護と行政裁量の適正な統制を図るため，主題の行政代執行制度の改善や強制金などの間接強制制度の再導入等を実現する行政強制制度の大幅拡

---

51 同旨：宇賀（2006）71頁，㈶日本都市センター研究室（2006）17-18頁。これに対し，現行の加重要件を維持すべきとする見解として，鈴木庸夫（2008）14-15頁。

52 代表的立法例として，§9 Abs. 2 VwVG：仮訳は，本章末尾の参考資料1参照。

充を契機として，その根拠となる個別法ないし一般法において，その実現を図るべきであると考える。

7-3 事前手続の戒告への一本化と費用概算見積額の明示

現行の行政代執行の事前手続は，戒告及び行政代執行令書による通知の2段階となっている。しかし，筆者は，簡易なあるいは規制受益者の法益保護のため基本的に迅速な実施を要する代替的作為義務の強制について，原則的にこのような2段階に分割した事前手続を強いる必要性はないのではないかと考える。また，行政代執行法3条3項によれば，戒告及び行政代執行令書による通知は，非常の場合又は危険切迫の場合において，当該行為の急速な実施について緊急の必要があり，当該手続をとる暇がないときは，これらの事前手続を経ないで行政代執行をすることができるとされており，また，行政代執行に要する費用の概算による見積額は，戒告ではなく行政代執行令書によって初めて義務者に通知されるものとされている。このため，戒告も行政代執行令書による通知もいずれも行う暇がない最も緊急な場合はともかく，原則どおり戒告はしたがその後の状況変化により行政代執行令書による通知を行う暇がなくなり，後者を経ないで行政代執行がなされる場合でも，行政代執行費用の概算見積額は，結局，事前手続上義務者に対して明示されないままとなってしまい，戒告後に緊急性が増大した例外的な場合とはいえ，行政代執行費用の概算見積額という重要情報が結果的に与えられないことによって義務者の予測可能性を制限し，事前手続における行政代執行費用の概算見積額の明示に期待される，義務者による自主的な命令履行（違反是正）を促す間接強制効果を低減させてしまうことになる。

前述（6-2(6)）のとおり，アンケート調査においては，事前手続の一本化については消極的評価が多数となっている。しかし，

行政代執行の戒告で行政代執行費用の概算見積額を明示することを求めるドイツの立法例は、当該費用の事前徴収のための前提とするほかに、戒告で費用の概算見積額を明示することにより、当該命令の義務者による自主的履行へ向けた重要な威嚇手段とする意義がある[53]。すなわち、戒告によって、行政代執行により大抵の場合は自ら履行するよりも相当程度多額の費用が徴収されることを明示することにより、経済合理性の見地から、行政代執行を受忍するよりも少ない費用で実施しうるであろう、また基準適合改修命令においては最も義務者に有利な合法的形態の実現に向けた命令の自主的履行を選択することを義務者に促す、いわば強制金類似の間接強制効果が期待される[54]。この点は、アンケート調査においても、戒告での費用概算見積額の明示が命令の履行による違反の自主是正を促進する効果をもたらすとする回答が過半数に上っていることから、実務レベルでも概ね確認されたといえよう。

是正命令の自主的履行による公益の早期確保の観点からも、また、義務者の予測可能性を可及的早期に増大させ、その手続的な権利保護を図る観点からも、わが国の行政代執行制度においても、この戒告段階での行政代執行費用の概算見積額の明示を新たに制度化することが望ましいものと考える。

前述(3-2)のように、ドイツの行政代執行においては、事前手続は戒告のみとなっている。むしろ、行政代執行を行わなければならないような公益上看過しがたい行政規制違反行為については、出来る限り早期に規制受益者の被侵害法益の回復を図るため、執行行政機関は、作業の前倒しによる多少の事務的負担増があり

---

53 同旨：App/ Wettlaufer (2005) §33 Rdnr. 8, Engelhardt/ App/ Schlatmann (2011) §13 Rdnr. 6.

54 Lemke (1997) S. 357。

うるとしても，事前に短期集中的な準備作業を行い，一本化された事前手続としての戒告による行政代執行費用の概算見積額とその事前徴収の実施予告を含めた包括的な情報提供によって強制処分の全体像に対する義務者の予測可能性を高め，これを通じて早期の段階で義務者による自主的な命令履行に向けた意思決定を強力に促すべきであると考える。

特に，岡山市の事例のような確信犯的かつ大規模な違反建築・違反開発行為のような事案においては，特に「早期発見・早期是正」が肝要である。すなわち，そのような事案については，徒に行政指導を反復して無益に時間を費やすのではなく，違反発見の早期の段階で工事中止命令を発出し，併せて筆者が再導入を提唱する間接行政強制制度等を適用して工事をストップさせ，所要の準備作業を経てすみやかに除却命令の発出とその強制のための間接強制ないし行政代執行の適用に移行すべきである。違反開発行為や違反建築工事が完了し，さらには，使用禁止命令を同様の手段で強制し得ないために当該建築物ないし開発地内で営業活動などが行われるようになってからの行政代執行の実施は，極めて多大の人員・経費を要することとなり，さらにそのような多額に上る行政代執行費用が十分に回収されなければ，公共サイドの大きな機会的費用損失につながってしまうからである。それは反面では，違反行為による規制受益者の保護法益侵害を中核とする公益侵害を長期間継続させてしまうことでもある。加えて，行政刑罰の機能不全のために違反建築行為等に罰則が十分に適用されず，違法建築物等を使用しての営業活動などによる不法な利益の稼得を放置していては，ともすれば類似の違法行為の反復や模倣を助長する結果ともなりかねない。そのような場合は，同じく筆者が導入を提唱する秩序違反法制度（本書第5章参照）により，このような違法収得利益を剥奪するに足る額以上の過料を併科する制

7-4 行政代執行の即時執行

ドイツの連邦行政執行法6条2項により、刑法犯や秩序違反行為の実行を阻止するため、又は急迫の危険を防止するため必要がある場合においては、違反是正命令などの行政行為を前置せずに、また事前手続としての文書による戒告も省略して、代執行及び直接強制の強制執行手段[56]を適用する「即時執行」(sofortiger Vollzug) が特例的かつ一般的な行政強制制度として認められている。また、各州の行政執行法においても、同様の規定が置かれている[57]。

わが国の行政代執行法は、3条3項で、「非常の場合又は危険切迫の場合において、当該行為の急速な実施について緊急の必要があり、前2項に規定する手続をとる暇がない場合」には、行政代執行の事前手続としての戒告及び代執行令書の通知手続を経ないで代執行をすることができるとしている。しかしながら、ドイツ法のように行政行為たる命令まで省略することは認めておらず、命令を経ずに直ちに違反状態を解消するための事実行為を行うに

---

55 詳細については、本書第5章及び西津 (2006) 201-207頁を参照。
56 条文の文言上はこれらの強制手段に限定されてはいないが、解釈上、強制金については、即時執行の枠組みではその目的を達し得ないので対象とならないとされている (Engelhardt/ App/ Schlatmann (2011) §6 Rdnr. 28, Sadler (2011) §6 Rdnr. 301, Erichsen/ Rauschenberg (1998) S. 41.)
57 §5a BlnVwfVG = §6 II VwVG, Art. 35 BayVwZVG, §15 II Bbg VwVG, §11 II BremVwVG, §72 II HessVwVG, §27 HmbVwVG, §70 NdsVwVG i.V.m. §64 II NdsSOG, §61 II LVwVG RP, §55 II VwVG NW, §18 II SVwVG, §71 VwVG LSA i.V.m. §53 II SOG LSA, §230 LVwG SH, §54 ThürVwZVG.

は，個別法において即時強制の根拠規範を設けておくことが必要となる。

そこで，詳細は本書第4章に譲るが，今後のわが国の行政強制法制の抜本的改正に際しては，ドイツの連邦及び各州の行政執行法に規定されている一般的直接強制制度を再導入することを提案したい。その際，ドイツ法の即時執行制度を参考に，行政行為としての命令を省略しうる一般的即時執行制度も併せ導入すべきであると考える。後者は，近時いわゆる「行政の緊急措置」という枠組みで，行政法学上法律による行政の原理の例外としてその合法性を認めるべきか否かが議論されているケース58を，合法的な一般的強制措置として位置づけるためにも必要な立法措置であろう。

7-5 行政規制執行機関における法律専門職公務員の役割

行政代執行などの行政強制制度の適用事務は，広汎な専門的かつ実務的な法律知識を必要とする業務であり，行政部内のみではそのような専門的知識を得がたい場合には，行政事件等の法的実務に精通した外部の弁護士に依頼することも少なくないと思われる59。

本章が提案する行政代執行制度の改善や筆者が別途提案している間接行政強制制度等の再導入を実現させ，行政強制制度の適用の大幅な拡大を目指すためには，地方公共団体等の行政部内の執行体制を現在以上に拡充強化する必要がある。本章では，特に，

---

58 最判平3・3・8民集45巻3号164頁：いわゆる浦安鉄杭撤去事件。本事案の分析検討を通じて，行政強制手段の拡充を提唱する論考として，本書第2章参照。

59 岡山市行政代執行研究会（2002）の事案では，大規模違法建築物に対する行政代執行の実施にあたり，同市の顧問弁護士などを臨時の法律顧問として選任している。

法律専門職としての（法科大学院を修了し，司法試験に合格した）法務博士の国や地方公共団体への採用を促進し，各規制行政分野に適した新たな又は改善された行政強制制度の企画立案（制度設計）や新制度運用の指揮監督業務などに従事させることにより，「少数精鋭」の実務体制を構築することが有益であると考える。

ここで，法務博士が担うべきと思われる主な業務を例示すれば，次のとおりである。

①法律又は条例に基づく（新たな）行政強制制度ないし特例制度の創設
②比例原則を踏まえた，①の行政強制制度の適用ガイドライン（基準）の設定
③比例原則を踏まえた，①の行政強制制度（金銭強制徴収を含む）の適用の指揮監督
④裁判所が強制手段の内容を決定する制度（司法的強制）を設けた場合の，司法と行政の連携強化
⑤秩序違反法制度の創設による，行政犯の広汎な非犯罪化（秩序違反行為化）の実現
⑥秩序違反法制度に基づく秩序違反行為の捜査及び行政上の秩序罰としての過料の賦課徴収など

7-6　違反行為の早期段階での行政代執行の適用

行政代執行制度の適用における重要な障碍要因として，前述のように往々にして多額に上る行政代執行費用の徴収難の問題がある。その対策として，前述の行政代執行費用の事前徴収制度の創設のほかに，そもそも違法行為発見後の「可及的早期」の段階での行政代執行の実施が有効である。すなわち，違反建築であれば，例えば基礎工事の段階や，棟上げなどの比較的早期の段階で違法物件の除却や原状回復の命令を発し，行政代執行でこれを強制すれば，違法建築工事が完了し，さらには各種動産が運び込まれて

当該建築物を利用した営業活動などが開始されるに至った以後に行政代執行を行うよりも，極めて低額な費用で実施しうることはいうまでもないことである。すなわち，規制執行行政機関にとっては「早期発見・早期是正」が，行政代執行などの行政強制措置を低コスト・低リスクで実施する最良の方策であるといえる。

しかしながら，アンケート調査結果にも見られるとおり，行政代執行は「強権発動」的性格の強い「伝家の宝刀」ないし「最後の手段」であるという意識から，岡山市の事案にみるように，これに踏み切るには，中核的な規制執行機関となる地方公共団体においては首長の「重大な」意思決定が必要となり，違反事実の認知から行政代執行の実施までに長期間を要することとなるのが通常の執行パターンになりがちと考えられる。これは，法社会学の規制執行過程研究において明らかにされている行政指導中心の「インフォーマル志向」の必然的な帰結でもあろう。このようなかたちで，行政代執行の発動が遅れれば遅れるほど，行政規制違反状態が長期化し，それによって規制保護法益の侵害が長引くのみならず，最終的には多大の行政コストを伴う行政代執行の実施を余儀なくされることによって，限られた行政資源の重大な機会費用損失にもつながることになる。世界的な金融財政危機を通じて国・地方ともに財政難がますます深刻化しつつある今日においては，かつては「やむをえない」ものとして看過されてきた行政代執行に伴う過大な公的負担も，住民等からの批判をより強く受けることとならざるを得ず，場合によっては住民訴訟などを通じて当該地方公共団体における重大な政治的問題を惹起することも懸念される。

この問題の解決方策としては，先ずは，違法建築行為などの中止命令を強制するための新たな強制手段としての強制金制度などの間接強制制度や，詳細は本書第4章に譲るが重大違反事案に対

する緊急の中止命令を強制するための直接強制制度（特に，違法工事現場の封鎖制度など）を併せて再導入することが肝要である。これらの強制手段によって，違法工事等を早期の段階でストップさせた上で，事案によっては事前手続を省略するなどにより迅速に行政代執行を実施することが有効であろう。と同時に，少なくとも上述の新たに創設された強制手段及び改善された行政代執行を，重要な違反事案については，比例原則に則り，過小ないし遅延執行の弊に陥ることを回避しながら「躊躇なく」かつ「実効的に」適用するために，規制執行機関自体の意識改革や一般市民又はNPOによる通報などの積極的奨励も含めた監視・執行体制の一層の拡充（46頁参照）が求められよう。

7-7 行政代執行制度改善に向けた段階的アプローチ

以上の行政代執行制度の改善は，最終的には行政代執行法自体の改正に至ることが望ましいが，当面の間は，個別行政規制法において，一般制度の特例として実現することも考えられる。すなわち，前述のように既にいくつかの個別法において実現されている行政代執行の適用要件緩和措置に加えて特例的な手続規定を設け，事前手続の一本化や行政代執行費用の事前徴収制度を設けるなどの立法措置は十分可能であると考えられる。

また，個別法上の制度改正についても，西津（2006）195頁以下において提案しているように，構造改革特別区域制度を活用して，特定の規制行政分野で行政代執行制度の改善によって規制違反状態の広範な是正を図る政策的必要性の高い特定の区域において，改善された主題制度を試行的に運用して，その有用性ないし実効性，特に，本邦初の行政代執行費用の事前徴収制度の間接強制効果などを客観的に評価した上で，当該試行的制度改善の有用性が確認されれば，当該規制法自体の本格的改正により，全国レ

ベルでの制度改善を実現するといった段階的な制度改善方策も想定されよう。

さらには，諸般の規制行政権限の地方分権を円滑に推進し，地域の実情に即した行政規制の実効化を図るためには，現行行政代執行法1条の限定的な「行政強制法定主義」を見直し，行政規制の強制手段としての行政代執行制度の特例規定を地方公共団体の条例でも定められるように措置することも必要であると考える[60]。

8 結語——今後の本研究の発展的展開方向など

以上その結果を述べてきた本調査研究において，時間及び資金の制約から残念ながら実施に至っていない海外現地調査が今後に残された最大の課題である。すなわち，既に実施した間接行政強制制度研究（西津（2006））の海外調査の過程で側聞した，行政代執行制度を原則的強制手段として位置づけているベルリン州ほかの各州の主要都市における行政代執行制度の活用実態，さらに，行政代執行制度を屋外広告物規制の主要な強制手段としているとの情報を得たマクデブルク市におけるその活用実態について，その適用事例情報も含めて現地調査することにより，日独の規制執行実務に関する法社会学的比較の面からも有益な成果が得られるのではないかと期待される。これについては，今後適当な機会を得てその実現を図りたいと考えている。また，フランスの主題制度にあたる職権執行制度（exécution d'office）についても追加的研究対象とし，機会があればドイツと同様，同国主要都市への海外

---

[60] 行政代執行法1条の改正により条例による義務履行確保制度（ないしその特例）の創設を提案するものとして，㈶日本都市センター研究室（2006）55-57頁。また，間接行政強制制度についての同旨の提案につき，三好規正（2008）220頁及び西津（2006）192頁以下参照。

現地調査も企画したいと考えている。

さて，前述のとおり，本調査研究は，筆者の一連の行政強制制度比較研究の発展的な一環をなすものである。筆者は，わが国行政強制制度の改善の必要性の重要な背景として，本章冒頭に提示した行政規制の機能不全による国民の規制保護法益に対する広範な侵害の是正もさることながら，グローバルな視点からは次のような課題もあると考えている。すなわち 2007 年 2 月に，気候変動に関する政府間パネル（IPCC）の第 4 次評価報告書が発表され，21 世紀末には地球の平均気温が最低 1.1 度，最大で 6.4 度上昇し，海面は 18〜59 cm 上昇するとの予測が示された。また，これに相前後して，アル・ゴア前米国副大統領による『不都合な真実』が映画及び著作として公開・出版されるなど，地球温暖化問題についての世界的な関心が大きく喚起された。ハリケーン・カトリーナに象徴される，急激な気候変動がもたらすと懸念されている世界的規模での様々な破局的被害を出来うる限り軽減するためにも，新技術の開発普及などを促進し，地球規模のマクロレベルで持続可能な社会システムに転換することが今日の最重要かつ緊急の課題となっている。このマクロ的な問題解決において，世界的規模での温室効果ガスの大幅な排出抑制をはじめとする各種環境規制の実効性強化は，温暖化防止のためには避けて通ることのできない最重要課題である。加えて，2008 年に深刻化した世界的金融・経済危機の対策の一環として，米国オバマ政権の提唱する「グリーン・ニューディール政策」などに代表される喫緊のグローバルな環境経済的政策課題としても急浮上するものと予想される。特に，温室効果ガスの中核をなす二酸化炭素の排出規模が中，米，露，印に次ぎ世界第 5 位のわが国にとっては，今後さらに強化されるべき排出規制措置の実効性確保のための法制度整備は急務である。さらに，京都議定書を掲げ，アジアにおいてこの問題に指導的な

8 結語——今後の本研究の発展的展開方向など

役割や責任を果たすべきわが国のあり方という視点からも，急速な経済的発展を遂げると同時に深刻な環境問題に直面しつつある中国やインドなどの新興国グループに対し，各種環境規制制度とその実効性確保方策についての法整備支援的協力ができるような，わが国自身の法的インフラの拡充整備が求められるものと考える。

他方，内政面でも，現在わが国政府レベルでも検討が進められている[61]「道州制」などに代表される包括的地方分権政策の進展により，近い将来において道州などの広域地方政府に国の立法権が広範に移譲されることになれば，ドイツの連邦法及び各州法により形成されているヴァリエーションに富んだ行政強制法制のように，わが国でも各地方政府独自の法規範によって，従来からの主題法制度の欠缺を補塡するとともに各地域の実情に即した行政強制制度の設定が実現されうることも大いに期待されるところである。その際，当該制度の効率的な運用を図るためには，中小規模の市町村までもが個別に独自の執行体制の整備を図ることは必ずしも効率的でなく，当面は，既に一部で取り組まれている租税滞納整理組合のような一部事務組合や広域連合などによる広域的共同執行体制を構築し，さらに将来的に道州制への移行が実現した場合には道州のレベルでの広域的な立法・執行体制を整備することが望ましいと思われる[62]。

最後に，本調査研究を契機として，主題の行政代執行制度に関

---

61 2008年3月24日に，内閣官房に設置された道州制ビジョン懇談会は，特命担当大臣（道州制担当）に対し，おおむね10年後を目途として，道州制の導入をめざすとする中間報告を提出している（http://www.cas.go.jp/jp/seisaku/doushuu/index.html〔2009年5月1日現在〕を参照）。

62 新たな行政強制制度等を運用する行政執行体制の拡充方策については，西津（2006）190-192頁及び205-206頁を参照。なお，三好規正（2008）229-231頁は，執行罰制度再導入提案に関連して，その執行のための地方公共団体の行政組織の再編方策を詳細に提案している。

係する各規制行政分野において実務及び学術双方の立場から建設的な議論がなされ，これを通じてわが国の行政強制制度の改善の方向に向けての一歩が踏み出されることによって，安全・安心な国民生活を保障する各種行政規制の実効性がさらに向上することを切に期待したい。

参考資料1　ドイツの連邦の行政執行法関連条文仮訳

第6条　行政強制の許容性
(1) 物の引渡，作為の履行，受忍又は不作為に向けられる行政行為は，それが不可争的となったとき，その即時執行が命ぜられたとき又は争訟に執行停止効が与えられないときは，第9条の強制手段によって実現することができる。
(2) 犯罪構成要件又は過料構成要件の実行行為にあたる違法行為を阻止するため又は急迫の危険を避けるため，即時の執行の必要があるときは，行政官庁は，その法的権限の範囲内で，先行的に行政行為を行うことなく，行政強制を適用することができる。

第9条　強制手段
(1) 強制手段は次のとおりである。
　a）行政代執行（第10条）
　b）強制金（第11条）
　c）直接強制（第12条）
(2) 強制手段は，その目的に照らし相当な比例関係にあるものでなければならない。この場合，強制手段は可能な限り義務者及び公共の利益に対する侵害が最小限となるように決定しなければならない。

第10条　行政代執行
　他の者が行うことのできる作為（代替的作為）に係る義務が履行されないときは，執行庁は他の者に当該作為の履行を義務者の費用負担により委託することができる。

第13条　強制手段の戒告
(1) 強制手段は，それが即時に適用されうる（第6条第2項）のでないときは，文書により戒告されなければならない。その際，義務の履行に関して，当該義務を履行することが期待される相当な

期限を定めなければならない。
(2) 戒告は，作為，受忍又は不作為を課す行政行為と併せてすることができる。即時執行が命ぜられ，又は争訟に執行停止効が与えられない場合には，戒告は行政行為と併せてしなければならない。
(3) 戒告では，特定の強制手段を明示しなければならない。複数の強制手段の同時戒告及び執行庁が複数の強制手段について選択を留保した戒告をすることはできない。
(4) 作為が義務者の費用で行われるべき場合（行政代執行）は，戒告で費用の概算見積額を示さなければならない。行政代執行において概算見積額を超えた費用が生じたときは，追加徴収を妨げない。
(5) 強制金は，一定の金額により戒告しなければならない。
(6) 強制手段は，刑罰又は過料と併せて戒告することができ，義務が履行されるまで，反復し，その都度程度を高め，又は他の強制手段に換えることができる。新たな戒告は，直近に戒告された強制手段が効果がないときにのみ行うことができる。
(7) 戒告は送達しなければならない。戒告がその前提となる行政行為に併せてなされ，当該行政行為の送達に関する定めがない場合も同様である。

第14条 強制手段の決定

戒告で定められた期限までに義務が履行されないときは，執行官庁は，当該強制手段を決定する。即時執行（第6条第2項）においては，決定を要しない。

第15条 強制手段の適用
(1) 強制手段は決定に従って適用される。
(2) 義務者が，行政代執行又は直接強制に際して抵抗する場合には，その抵抗を実力によって排除することができる。警察は，執行官庁の要請に基づき，職務上の援助を行わなければならない。
(3) 執行は，その目的が達せられた場合には，直ちに中止しなければならない。

参考資料2　ヘッセン州行政執行法の行政代執行費用事前徴収制度関係条文仮訳

第74条　行政代執行

(1)～(2)（略）

(3)　行政代執行の戒告では行政代執行費用の概算見積額を明示しなければならない。執行官庁は，事前に義務者から当該概算見積額を徴収することができる。行政代執行の費用が概算見積額を超過したときは，超過額の事後的な追徴を妨げられない。余分に徴収された費用は，義務者に還付されるものとする。

参考資料3　行政代執行制度の改善方策に関するアンケート

行政代執行制度の改善方策に関するアンケート

平成18年12月

(財)民間都市開発推進機構都市研究センター

《本アンケートの趣旨》

1）少子高齢・人口減少社会の到来を迎え，新たな社会的ニーズに適合しうる「都市再生」を進めるためには，適正な土地利用や建物等の安全の確保などのさまざまな規制も必要であり，またそうした規制が個人や企業によって現実に守られていなければなりません。

2）ところで，現在のわが国においては，個人や企業に上記のような規制を遵守させる手段として，原則として，①罰則による刑事罰（懲役，罰金など）や②行政代執行法による行政代執行といった強力でありますが，簡便とはいいにくい手段しかありません。特に，②の行政代執行制度は，①の行政刑罰制度とともに，近年その機能不全が指摘されており，当初の法制定以来60年近く本格的な制度改善がなされていない同制度の見直しが必要となってきております。

3）これに対し，わが国が明治期に同制度を含む行政強制制度を継受したドイツでは，

①代替的作為義務に係る違反是正命令の履行強制のために発出される，**一本化された行政強制の事前手続である戒告**において，**行政代執行の概算費用見積額を義務者**に明示し，

②行政代執行の実施に先立って，命令不履行の場合に**行政代執行費用を「事前に」「強制的に」徴収しうる，行政代執行費用事前徴収制度**を設け，

③わが国の行政代執行法2条の制限的適用要件（他の手段による命令履行確保が困難であり，かつ命令の不履行放置が著しく公益に反すること）を設けない代わりに，**比例原則を定める条文**を設けて，行政代執行を含む強制手段の適用を法的に統制することにより，わが国よりはるかに多数の同制度の適用実績を挙げているとされています。

4）そこで，ご所管の行政分野において，仮に3頁のような行政代執行制度の改善を行ったと仮定した場合，実際に，その**適用件数の増加や違反の自主的是正促進**などの効果が上がると考えられるか，また，どのような規制行政分野で積極的に活用できそうかといった点について，以下の設問に沿ってお考えをお聞かせ願えれば幸いです。

7）なお，本アンケートは，当センターの自主研究の一環として，比較法制度研究の観点から，わが国の行政代執行制度に想定される改善方策を客観的に評価するためのものであり，個別の具体的な法改正作業のための情報収集を目的とするものではありません。

○回答方法：別添回答票（A4横）の各回答ごとに（【A1-1】～【A10】），選択問については，①～の選択肢の欄に○を記入して下さい。また，A：その他，B：選択についての特段の理由，C：活用の期待される規制行政分野，D：その他のご意見について，各種別ごとに回答欄にご記入下さい。

○もし，以下のような行政代執行制度の改善が実現したら，ご所管の行政規制の違反是正の効果がどの程度上がるだろうかという予

測評価により，次のアンケートにお答え下さい。

(行政代執行制度の改善のポイント)
①行政代執行費用の事前（強制）徴収制度を設け，行政代執行の実施前に，当該費用の事前支払命令を発出し，義務者がこれに応じないときは国税滞納処分の例により，その強制徴収ができるようにする（なお，徴収費用の事後的な清算手続を含む）：この費用事前徴収制度には，それ自体に，義務者の自主的な是正命令の履行を強く促す効果（**間接強制的効果**）の発現が期待されます。すなわち，行政代執行費用の事前支払命令によって，行政機関による行政代執行の実施を待たず，是正命令が義務者によって自主的に履行されれば，当該命令の目的は達せられ，強制手段としての行政代執行適用の大きな効果があったと評価できます。
②**行政代執行の事前手続**を，現在の戒告及び行政代執行令書の通知の二段階の手続から，新たに**戒告のみに一本化し，戒告において行政代執行費用の概算見積額を明示する**：行政代執行費用は，一般的に命令を自ら履行する場合の費用よりも多額に上ることが多く，事前手続としての戒告などにおいてその概算見積額を提示することは，義務者に命令の自主的履行を促す「**威嚇効果**」をもつと考えられ，①の行政代執行費用事前徴収制度の前提となるとともに，その**間接強制効果の一端を担う**ことが想定されます。
③行政代執行の制限的適用要件（法2条）を外し，それに代えて，新たに**比例原則を明文化する規定**を設け，これによって行政機関による行政代執行の発動を法的に統制する。

＊以上の改善を行った行政代執行手続と現行行政代執行手続の概略比較は，下図をご参照下さい。

【Q 1-1】
ご所管の行政のお立場から，今後のまちづくり，ないしは「都市再生」を進めるうえで，特に重点的に取り組むべきとお考えの政策課題

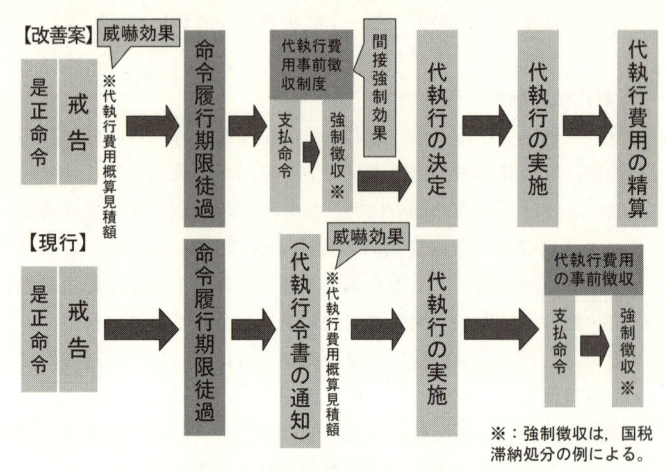

第3章　行政代執行制度の改善提案

【改善案】 威嚇効果

是正命令 → 戒告 ※代執行費用概算見積額 → 命令履行期限徒過 → 代執行費用事前徴収制度（支払命令／強制徴収※）→ 間接強制効果 → 代執行の決定 → 代執行の実施 → 代執行費用の精算

【現行】 威嚇効果

是正命令 → 戒告 → 命令履行期限徒過 →（代執行令書の通知）※代執行費用概算見積額 → 代執行の実施 → 代執行費用の事前徴収（支払命令／強制徴収※）

※：強制徴収は、国税滞納処分の例による。

行政代執行手続比較フローチャート

を，次の中から，3つ選んで（⑩その他として個別に項目立てしたものを含めて，全体で3つとなるようにして下さい），回答票の回答欄に〇印を記入して下さい（以下，記入方式は基本的に同様）。

【A1-1】
① 大規模店舗等立地のための郊外地域開発の規制
② 街なか居住，公共公益施設の街なか回帰の推進
③ 良好な都市・地域景観の形成
④ 建築規制，屋外広告物規制，景観規制，公物管理規制などの違反是正強化（規制の実効性の向上）
⑤ まちづくりNPO，まちづくり会社などの社会的事業主体の育成・支援
⑥ 都市計画街路などの公共施設の整備
⑦ 都市再開発事業，区画整理事業などの市街地整備事業の推進
⑧ 木造密集市街地などの防災まちづくりの推進
⑨ 都市緑化などの都市環境整備
⑩ その他：⑩の欄に〇印をつけ，回答欄に適宜項目立てをして簡

潔にご記入下さい。

【Q 1-2】
今後のまちづくり，ないしは「都市再生」の諸課題の中で，前問の「⑤建築規制，屋外広告物規制，景観規制，公物管理規制などの違反是正強化（規制の実効性の向上）」が占めるウェイト（重要性の度合い）をおよそどの程度のものと評価されますか？ 次の中から，1つ選んで下さい。

【A 1-2】
① 75％以上
② 50％以上75％未満
③ 25％以上50％未満
④ 10％以上25％未満
⑤ 10％未満

【Q 2-1】
回答者が所属される部局において，過去3年内に，行政代執行（相手方不明の場合の「略式行政代執行」は除く）を適用（行政代執行の実施までに至らず，義務者の自主的命令履行により，戒告や行政代執行令書の通知の事前手続のみにとどまった場合も含む）された経験がありますか？ 次の中から，1つ選んで下さい。

【A 2-1】
① ある。
② ない。

※【A 2-1】で①を選択された場合は，次の問いにお答え下さい。

【Q 2-2】
一連の行政代執行手続のどの段階まで実施されましたか？ 複数回

の実績がある場合は，○印の代わりに，当該手続まで進んだ事案の件数を数字でご記入下さい。

【A 2-2】
① 戒告
② 行政代執行令書の通知
③ 行政代執行の一部実施
④ 行政代執行の実施完了（行政代執行費用の事後徴収を含む）

※【A 2-2】で④を選択された場合は，次の問いにお答え下さい。

【Q 2-3】
行政代執行費用の事後徴収において，総費用のおよそどの程度が回収できましたか？ 複数回の実績がある場合は，○印の代わりに，回収率区分ごとの実績件数を数字でご記入下さい。

【A 2-3】
① 75％以上
② 50％以上75％未満
③ 25％以上50％未満
④ 10％以上25％未満
⑤ 10％未満

【Q 3】
ご所管の規制行政において，違反事案に係る是正命令の強制手段として行政代執行（「略式行政代執行」を除く）を適用するにあたって，特に大きな障碍と思われるものを，次のうちから3つ選択して下さい（⑧その他に記載された個別の項目も含めて，3つとなるようにして下さい）。

【A 3】
① 行政代執行は，「強権発動的」な強制手段であり，「伝家の宝刀」

ともいわれ，極めて重大な違反事案にしか適用しえないものとされていること
② 行政代執行法2条の行政代執行の適用要件の規定ぶりが，非常に限定的なものであることから，場合によっては義務者から取消訴訟などを提起され，敗訴のおそれがあること
③ 行政代執行の適用や実施の準備のため，大がかりな人員・経費を伴う作業を要すること
④ 行政代執行費用の事後徴収が困難であり，結果的に行政サイドの大きな経済的負担を生ずるおそれが大きいこと
⑤ 行政代執行適用の経験が極めて少なく，当該事務に精通した職員がいないこと
⑥ 行政代執行を適用すると，義務者やその関係者から強い反発を受け，行政に対する悪感情を生ずるおそれがあること
⑦ 行政代執行の適用実施について，行政代執行法の有権解釈を求める国の省庁が不分明であること
⑧ その他：⑧の欄に〇印をつけ，回答欄に適宜項目立てして記載して下さい。

【Q 4-1】
（行政代執行費用事前徴収制度の効用評価）
行政代執行費用の事前徴収制度が新たに設けられたとした場合，ご所管の規制行政において，是正命令の強制手段として行政代執行制度を適用する上での障碍は，どの程度軽減されることになると思われますか？ 次の中から，1つ選んで下さい。

【A 4-1】
① 極めて軽減される。
② かなり軽減される。
③ 多少は軽減される。
④ 現行制度の場合と変わらない。
⑤ 行政代執行の適用は，かえって困難になる。

＊この選択について，特に理由があれば回答欄にご記入下さい。

【Q 4-2】
(行政代執行費用事前徴収制度の間接強制効果の評価予測)

行政代執行費用の事前徴収制度（ただし，戒告で費用概算見積額を明示することを前提とする）がご所管の規制行政の分野に導入されたと仮定して，同制度を構成する行政代執行費用の事前支払命令とその強制徴収手続には，どの程度の間接強制効果（義務者による違反状態の自主是正を促す効果）が期待できる予想されますか？ 次の中から，1つ選んで下さい。

ちなみに，本制度の効果がない違反者としては，身元・所在が不明な者，金銭強制徴収手続の対象となる資産を有しない者などが想定されます。

ただし，行政機関側の当該制度を運用する事務を執行する（ノウハウを持った）人員や経費の不足といった制約要因はないものとします。

【A 4-2】
① 非常に効果があるのではないか（行政代執行費用の事前徴収前に，およそ義務者の4分の3以上が，自主的に違反状態を是正するだろう）
② かなり効果があるのではないか（行政代執行費用の事前徴収前に，義務者の半分以上4分の3未満は，自主的に違反状態を是正するだろう）
③ 一応の効果があるのではないか（行政代執行費用の事前徴収前に，義務者の4分の1以上半分未満は，自主的に違反状態を是正するだろう）
④ あまり効果はないのではないか（行政代執行費用の事前徴収前には，義務者の4分の1未満しか，自主的に違反状態を是正しないであろう）
⑤ ほとんど効果はないのではないか（行政代執行費用の事前徴収

前には，義務者のうちほとんど誰も自主的な違反状態の是正はしないであろう）
⑥　全く見当がつかない
⑦　その他：⑦の欄に○印をつけ，回答欄に内容を簡潔にご記入下さい。

【Q5】
（事前手続の戒告への一本化）

行政代執行の事前手続として，現行の戒告と行政代執行令書の通知の二段階の方式から，戒告に一本化するとした場合，その効果をどのように評価しますか？　次の中から，1つ選んで下さい。

【A5】
①　事前手続を戒告に一本化することにより，手続の簡易迅速化が図られ，行政の事務的負担軽減の効果が大きい。
②　事前手続を戒告に一本化しても，全体としての事前準備作業は同じであり，行政の事務的負担軽減や手続の簡易迅速化にはつながらない。
③　事前手続を戒告に一本化すると，事前準備作業をそれに先だって短期間に集中的に行わなければならず，かえって行政の事務的負担が増すおそれがある。

＊この選択について，特に理由があれば回答欄にご記入下さい。

【Q6】
（戒告での行政代執行費用概算見積額の明示）

行政代執行の戒告で，行政代執行費用の概算見積額を明示することよって，どのような効果が期待できると考えですか？　次の中から，1つ選んで下さい。

【A6】

① 戒告で行政代執行費用の概算見積額を明示することにより，義務者に早期の段階で命令の自主的履行を強く促す威嚇効果を生じ，早期の違反状態の自主是正につながる。

② 戒告で行政代執行費用の概算見積額を明示することとしても，義務者に対して義務の自主履行を促す効果は期待できず，違反状態の早期の自主是正にはつながらない。

＊この選択について，特に理由があれば回答欄にご記入下さい。

【Q7】

（制限的適用要件と比例原則の実定化）

行政代執行制度の適用における行政機関の裁量判断を統制するため，現行行政代執行法2条の制限的適用要件（他の手段による命令履行確保が困難であり，かつ命令の不履行放置が著しく公益に反すること）に代えて，比例原則を法律上明文で規定して（立法例として，下のドイツの連邦の行政執行法9条2項〔西津仮訳〕をご参照下さい），これを基準とすることとした場合，どのような効果があるとお考えですか？　次の中から，1つ選んで下さい（なお，建築基準法9条12項，屋外広告物法7条3項などのように，個別法において，当該制限的適用要件を緩和する措置をとっている立法例があります）。

（参考）
　第9条　強制手段
　　(1)　強制手段は次のとおりである。
　　　a）行政代執行（第10条）
　　　b）強制金（第11条）
　　　c）直接強制（第12条）
　　(2)　強制手段は，その目的に照らし相当な比例関係にあるものでなければならない。この場合，強制手段は可能な限り義務者及び公共の利益に対する侵害が最小限となるように決定しなけれ

ばならない。

【A 7】
① 法2条の適用要件に代え，比例原則を明文化して基準とすることにより，事案に即した弾力的な判断が可能となり，現行法下よりも多数の行政代執行の適用につながる。
② 法2条の適用要件に代え，比例原則を明文化して基準としても，行政代執行の弾力的適用や件数の拡大にはつながらない。

＊この選択について，特に理由があれば回答欄にご記入下さい。

【Q 8】
（行政代執行制度改善案の効果評価）
　3頁に示した内容の行政代執行制度の改善がなされたと仮定して，次の問にお答え下さい。
　これら一連の行政代執行制度の改善を行った場合，ご所管の規制行政に係る違反是正命令等の強制手段として行政代執行の適用（戒告の実施）を行うことは，現行制度に比べて容易になるとお考えですか？次の中から，1つ選んで下さい。

【A 8】
① 極めて容易になる。
② かなり容易になる。
③ 多少は容易になる。
④ 現行制度の場合と変わらない。
⑤ かえって困難になる。

＊この選択について，特に理由があれば回答欄にご記入下さい。

【Q 9】
（活用の期待される行政分野）

上掲の行政代執行制度の改善が実現した場合,ご所管のどのような規制行政分野に有効に活用できそうだとお考えですか。具体的な規制行政分野が想定されましたら,回答欄に簡潔にご記入下さい。

【Q 10】
(その他のご意見)
行政代執行制度の改善について,その他ご意見がありましたら,ご自由に回答欄にご記入下さい。

(以上)

第4章　行政上の直接強制制度の再評価と立法政策提案

〈本章の概要〉

　行政上の直接強制制度は，行政上の強制執行制度の三本柱の一つを成す重要なものであるが，行政代執行法の制定による旧行政執行法の廃止に伴い一般的制度が廃止され，本章に紹介するとおり，戦後設けられた個別法上の立法例も僅少にとどまりほとんど活用されていない。その背景には，同制度が過激な方法を用いるものとされ，また戦前に同制度が「濫用」され，「人権侵害」を生じたとする消極的評価が，多くの行政法概説書に記述されたことがある。しかし，これらの消極的評価については，事実面や立法者意思による十分な裏付けを欠くものであり，多面的な角度からの再検証が必要である。

　他方，ドイツの直接強制制度は，個別法上のものも含めて極めて多様な立法例を実現している。特に，違法な建築工事や営業を中止させるための現場封鎖制度や福島第一原発事故のような災害発生時に高齢者などの避難弱者に対し，必要な保護を与えつつその円滑な避難を強制する「保護的直接強制制度」については優先的に，さらには一般的直接強制制度や緊急事態に適切に対処するための即時執行制度についても，同国のこれらの制度の運用に関する情報の収集を十分に行った上で，同国の法制度を範型として，必要に応じ逐次わが国に導入する必要性が高いと考える。

第4章　行政上の直接強制制度の再評価と立法政策提案

1　本研究の位置づけ

1-1　本研究の背景とねらい

わが国における主題の行政上の直接強制制度（以下，単に「直接強制制度」という）は，アジア太平洋戦争の終戦（以下，単に「終戦」という）後間もない昭和23年に制定された行政代執行法により旧行政執行法が廃止された際に，同法5条に規定されていた一般的行政強制手段が廃止され，その後も後述のとおり，わずかな個別法上で極めて限定的に制度化されるにとどまっている。その背景には，同制度が「国民の身体又は財産に直接実力を行使するものであり，国民の基本的人権に重大な制約を加えるものであるため，日本国憲法上問題が多い制度である」というような根強い消極評価があったのではないかと推測されている[1]。

他方で，わが国の行政強制制度については，近時その不備状況が行政法学上も指摘され，また，法制度の不備に伴う各種の行政規制違反の問題に対する解決手段の必要性から，同制度の改善に向けた具体的な立法提言もなされている[2]。他方，近年はこの行政強制制度の不備を補うため，相手方に予め命令などで違反是正義務を課すことなく，直接的に人や物に対して実力を行使し，ある

1　雄川ほか（1977）76頁の菊井康郎発言：「行政法の先生方の教科書でも，直接強制をはじめ代執行以外の手段は，明治憲法下での濫用が多かったことにかんがみ，廃止されるに至ったと説明されるのが通例です。こういった事情や雰囲気のもとでは，一般的にいって，よほどの必要がなければ，直接強制に訴えようという意欲が各省原局当局にわかなかったのではないかと思われます。（中略）いずれにせよ，そういった，直接強制を不当視，罪悪視するような雰囲気が定着してしまった」。
2　(財)日本都市センター研究室（2006），鈴木庸夫（2008），西津（2009），同（2006）など。

べき状態を実現する即時強制が,条例を根拠規範とするものを含めて多用されている状況がある[3]。しかしながら,行政にとって簡便な手段ともいえる即時強制については,次のような問題も指摘されている。すなわち,①事前手続のための時間的余裕が全くないほど緊急性が高いとは認められない場合についても制度化され,手続的保障が不十分なものが多いこと(宇賀(2011)106-107頁),②実力行使が継続的でなく目的が即時に完結してしまうときには,行政処分としての命令を介在しないため,行政上の不服申立てや取消訴訟などの事後争訟手段によりえず,事後的に損害賠償等を求めうるのみとなり,私人の権利利益救済の面での制約があること(塩野(2009)256-257頁)などである。そもそも,義務者の保護に手厚く,義務者の自己決定権を尊重したより穏やかな強制手段とするためにも,命令を先行させる行政強制がより望ましいという指摘[4]もある。私見としては,規制違反物件の撤去など,規制行政上必要となる代替的作為の簡便な実現手段として即時強制が制度化されているものについても,比例原則による統制の下で,行政行為としての命令や戒告などの事前手続を前置する本来の行政強制手段である行政代執行をより使いやすいかたちに改善するとともに[5],本章主題の直接強制制度をわが国に再導入したうえで,これらを積極的に活用することが要請されるものと考える。

本章は,後述のとおり,従来本主題についての比較法先行研究が少ないなかで,今後予想される行政強制制度の抜本的改革にお

---

3 例えば,屋外広告物法7条4項の簡易除却制度や地方公共団体の条例に基づく不法係留船舶の除却制度など。

4 阿部(1997)428,434頁,須藤(2007a)161-163頁。また,黒川(2008)117-118頁は,同旨の判例として,横浜地判平成12・9・27判例地方自治217号69頁を引用。

5 詳細については,本書第3章を参照。

いて重要性の高い主題の制度について，わが国の行政強制法継受の歴史から法制度上の親近性が強く，また連邦法及び州法の各レベルで多様な立法的発展を遂げているドイツ法との比較により，わが国の同制度に関する新たな将来的な立法政策に資する情報を提供し，もってわが国の各種行政規制の実効性確保の向上に寄与することを目的とするものである。また，本研究は，既往の行政代執行制度の比較研究（本書第3章）とともに，「間接行政強制制度研究」の延長上に位置する「直接行政強制制度研究」の一環をなすものである。

1-2 直接強制制度に関する先行研究事例

直接強制制度は多数の行政法概説書には紹介されているが，同制度についての詳細な先行研究は極めて少なく，特に比較法研究については，管見の限りではわずかに広岡（1961）のみである。しかしながら，近時，従来からの直接強制制度の消極的評価を再検討して見直そうとする論考（須藤（2007c））が発表されるとともに，行政強制制度として直接強制を積極的に再導入すべしとする論説[6]も現れている。

直接強制制度についての先行研究が少ない理由としては，その妥当性についての検証の試みを後述するが，終戦前において同制度が「濫用」されたという指摘やこれによって「人権侵害を惹起した」という消極的評価，あるいはそれを背景にしてその現行立法例が極めて少ないことなどがあるものと推測される。

しかしながら，わが国の同制度の母法国であるドイツに目を転ずると，同国では主題制度は，代執行や強制金などの他の行政強

---

[6] 櫻井（2006）13頁，櫻井ほか（2006）120頁，鈴木庸夫（2008）17-19頁，35頁，平川（2007）342-343頁。

制制度と同様に，連邦法及び州法において多様な法的展開を実現している。以上の両国の法状況から，主題法制度に関する日独の比較法研究の重要な意義が認められ，同制度の比較研究を基軸として，その多面的な制度分析を行った上で，わが国におけるその立法論を考究する意義は極めて大きいと考える。

2 わが国の直接強制制度の歴史的沿革

2-1 旧行政執行法上の直接強制制度の法的継受

　旧行政執行法5条の行政強制制度は，プロイセンの1883年共通ラント内務行政法（Gesetz über die allgemeine Landesverwaltung vom 30. 7. 1883）132条を継受したものであるとされている[7]。直接強制制度については，同法132条の「直接強制は，それによらなければ命令を執行しえない場合にのみ適用することができる」という規定を継受し，旧行政執行法5条2項の「行政官庁ハ第一項ノ処分（行政代執行及び「執行罰」としての過料：筆者注）ニ依リ行為又ハ不行為ヲ強制スルコト能ハスト認ムルトキ又ハ急迫ノ事情アル場合ニ非サレハ直接強制ヲ為スコトヲ得ス」とする規定が設けられた。すなわち，旧行政執行法上の直接強制の要件としては，前掲プロイセン法の「補充性」のほかに，「急迫の事情ある場合」が並列的に加えられている。

　また，旧行政執行法上の直接強制については，前掲のプロイセン法に準拠して事前手続としての戒告に関する規定が設けられておらず，戒告を要しないこととされていた。

7　広岡（1961）269頁，市村（1915）190頁，法曹閣書院（1908）1頁。

2-2 一般的行政強制手段としての直接強制制度の廃止経緯とその評価

旧行政執行法5条3項は，前述のとおり，同条1項に規定する行政代執行ないしは執行罰により作為又は不作為を強制することができないと認めるとき又は急迫の事情がある場合には，直接強制を適用することができるとして，補充的ないし緊急の一般的行政強制手段として，直接強制制度を設けていた。

しかし，同制度は，現行行政代執行法の附則において旧行政執行法本体とともに廃止された。その理由は，当時の国会審議録によれば，「直接強制は、人または物に対して直接実力を加えるものでありますがゆえに、すべての場合に通じて、一般的にその途を設けるのは行き過ぎであろうと考えるのであります。従ってこれらの手段は、特に行政上の目的達成上必要な場合に限り、それぞれ法律において、各別に適切なる規定を設けることとし、本案におきましては、行政強制の手段として、一般的に必要であり、かつ適当と認められる代執行に関して、その手続を定めることとした」とされている（第2回国会衆議院司法委員会議録第10号1頁）。

上掲の提案理由説明については，次のような疑問がある。第一に，執行対象のうち物（規制違反物件など）に対して直接実力を加える点は，行政代執行についても同様であり，直接強制についてのみ一般的制度を設けない合理的理由にはならない。また第二に，直接強制制度を「最終的な」行政強制手段と位置づけて一般法でその制度枠組みを設け，ドイツ法のようにその補充性などを制限的適用要件として明示し，かつ，その適用においては実定化された比例原則による統制に服することとした上で，必要に応じて個別法でその具体的ないし特例的な内容を定めることは立法政策的にも合理的と考えられ，これを一概に「行き過ぎ」であるとするのは妥当でない。さらに第三に，行政法の概説書などでしば

しば指摘される，終戦前の直接強制の濫用や人権侵害（のおそれ）といった問題[8]は，この提案理由説明においては全く言及されていないことも注目される。

ところで，終戦前の都道府県の統計書の警察編についての統計調査（西津（2006）41-42頁参照）によれば，終戦前の警察による行政執行法上の直接強制の適用実績は，同統計上確認しうる限りでは，同法の執行罰のそれとほぼ同様であり，総じて言えば「僅少」である[9]。もっともその僅少な事案の具体的内容自体は定かではなく，また警察以外の行政機関による適用実績も不明であるが，あえてこの「適用実績が僅少であった」という事実のみから直接

---

8 田中（1974）175頁，塩野（2009）235頁，関（2005）167頁，原田（2005）228頁，大浜（2006）357頁，三好ほか（2005）142頁，北村ほか（2006）145頁，小林（2004）150-151頁，宇賀ほか（2003）73頁など。

9 行政執行法上のすべての強制手段の適用実績を，「行政執行処分」として項目立てしている千葉県統計書によれば，明治35年から同44年までの10年間における直接強制の適用実績（「強制処分度数」：以下同じ。）は，同35年の1件（千葉署）及び同36年の2件（ともに大多喜署）のみであり，また，大正元年から同14年までの14年間における直接強制の適用実績は，同8年及び13年の各2件（2件とも，大正8年は木更津署，同13年は野田署）並びに同14年の1件（船橋署）のみである（他の年は実績なし）。さらに，同じく昭和元年から同14年までの14年間における直接強制の適用実績は，昭和元年の1件（千葉署）のみである。また，石川県統計書によれば，明治43年から大正14年までの15年間（戦前昭和期には，直接強制などの行政強制処分の適用実績は，統計項目から除外されている）において，大正9年に2件（ともに小松署）の直接強制が記録されている。さらに，高知県統計書においても，直接強制の適用実績は，明治44年から昭和15年までの30年間で，大正9年の3件のみであり，新潟県統計書においても，大正元年から昭和9年の23年間で，同じく大正9年の2件のみである。なお，東京，大阪，名古屋などの大都市部を含む府県の統計書には行政執行法上の強制処分の適用実績に係る項目がなく，直接強制などの強制処分の適用実績は不明である。

強制制度を評価するとすれば,「濫用された」というより,執行罰についての従来からの一般的評価と同様に「実効性に乏しい」[10]ということにならざるを得ない。

むしろ,その濫用状況が統計上明らかに確認できるものは,同法1条に規定する「行政検束制度」,なかんずく「暴行,闘争其ノ他公安ヲ害スル虞アル者」に対してなされる予防検束制度である[11]。予防検束制度の人権侵害的濫用問題については,その是正を促す旧内務省の通達も再三発出されるなど,歴史的事実としても明らかである(大霞会(1980)710頁)。ちなみに,この行政検

---

10 ある強制手段の統計上の適用実績が僅少であることから,直ちに当該手段が「実効性に乏しい」とする評価を導くことは妥当ではない。ある法的手段の使用頻度とその「実効性」の有無とは本来別の問題であり,当該手段の客観的な「実効性」の評価のためには,むしろ母数としての適用件数に対する目的達成件数の割合としての「目的達成率」をみるべきである(本書9頁及び西津(2006)42頁注76)。なお,前掲注9の各県統計書のデータによれば,旧行政執行法上の行政代執行の適用実績も他の強制手段のそれと同様に「僅少」であったことが確認されるが,同制度は現行の行政代執行法に受け継がれ,執行罰制度のように「実効性に乏しい」という理由による一般的行政強制手段としての同制度の廃止はなされなかった。

11 前掲注9掲記の千葉県統計書によれば,大正元年から同14年までの14年間における行政検束の適用実績は,合計2万4984件(年間平均1785件),このうち予防検束の適用実績は合計1万5657件(年間平均1118件)である。同じく昭和元年から同14年までの14年間におけるにおける行政検束の適用実績は合計19万2953件(年間平均1万3782件),このうち予防検束の適用実績は合計15万7237件(年間平均1万1231件)と大正時代に比して年平均で約10倍に激増している。また,地方部においても,昭和期における行政検束の適用件数は多く,新潟県統計書では,昭和元年から同10年までの10年間において,行政検束の適用実績は,年間7045件(うち予防検束は6075件)であり,高知県統計書でも,昭和元年から同15年までの15年間において,行政検束の適用実績は,年間平均8823件(うち予防検束は5911件)である。

束制度は,「ある者の自由な行動によって警察上の障害を生ずる場合,一時的にその者の身体を拘束してその障害を防遏する」ため,既に命じられた行政上の義務の存在を前提とすることなく人民の身体に実力を加えるもので,警察上の即時強制の一種として位置づけられている[12]。

また,終戦前においては行政代執行と直接強制の区別に関して,後者についてドラスティックなモデル例が提示されることが多く[13],さらに,直接強制について補充性などの制限的要件が定められたことの説明として,その「濫用のおそれ」や「濫用による臣民の自由の侵害の甚だしさ」,さらには「人の精神に対する甚だしい圧迫を加える」などを挙げるものもあった[14]。これらのことも旧行政執行法上の直接強制制度の「苛酷さ」を必要以上に強調することとなり,「濫用」ないし「人権侵害」といったマイナスイメージを定着させることにつながったのではないかとも考え

---

12 成田 (1927) 38頁,山田 (1940) 5頁。
13 美濃部 (1940) 337頁は,「例へば風俗上有害な絵看板の取払を命じ其の命を履行しない場合に官庁が代はつてこれを取払うのは代執行であるが,ペンキでこれを塗り潰すのは直接強制である。航通の妨害となるべき沈没船の引揚を命じその不履行の場合に,官庁が代はつて引揚を為すのは代執行であるが,爆発物でこれを粉砕するのは直接強制である」としている。しかし,筆者は,これらはあくまで代執行ないし直接強制の「具体的実施方法」の問題であり(すなわち,例えば,直接強制が常に対象物件の「爆破」を要するものではなく,また他方で,状況によっては代執行の実施において対象物件の「爆破」を要する場合もありうる),それが両者の法制度的差異を示すものではないと考える。これらの強制手段の具体的実施方法は,比例原則に従って決定されるべきものであり(同旨:須藤(2007c)275頁),同原則の適用が直接強制については代執行よりも緩やかになると解すべきではない。なお,この点につき,塩野(2009)236-237頁,須藤(2007c)265頁以下参照。
14 有松ほか (1937) 225頁,加々美ほか (1924) 145頁。

られる[15]。

以上から、筆者は、主題の直接強制制度に関する前掲の消極的評価は、その現実の濫用的な運用実態を踏まえたものというより、終戦前の公法学者による同制度の「説明ぶり」に大きく影響されたものであり、また、同じく旧行政執行法に定められていた即時強制としての行政検束制度の濫用やこれによる人権侵害の問題とも少なからず混同されたものではないかと推測している。

3 わが国の直接強制制度の現状とその評価

3-1 わが国の現行個別法上の直接強制の立法例
(1) 成田国際空港の安全確保に関する緊急措置法3条6項

同法3条1項に規定する暴力主義的破壊活動に供されていると認められる建物その他の工作物の使用禁止命令の強制手段として、同条6項は当該建物等について封鎖その他その用に供させないために必要な措置を講ずることができると規定し、行政代執行との関係での補充性を要件とすることなく、直接強制手段をとることを認めている。同法3条1項の使用禁止命令には、弁明の機会の付与等の事前手続は定められておらず、行政手続法の制定に伴い、同法三章の適用除外規定が設けられている（第8条）。また、封鎖などの直接強制的措置の実施手続についても、戒告など事前手続の定めはなく、また「封鎖」などの同措置の具体的実施方法自体も必ずしも定かではない。同法3条6項に基づいて講じた措置の費用については、その徴収に関する規定が置かれていないため、

---

[15] 代表的な行政法教科書の「評価伝承」的な記述が、学界のみならず、内閣提出法案の起案を担当する中央省庁の法律職官僚に対するこのようなイメージの定着に大きく寄与した経緯については、本書第1章5-8頁及び本章122頁を参照。

義務者からこれを徴収することはできないものと解される。

同法は，その提案理由説明にもあるとおり，成田国際空港の管制室に過激派が乱入し，航空管制機器類を破壊した事件によって，同空港の開港が一時延期された際，同種の事件の再発を防止するため緊急に制定された衆議院議員提出の議員立法である。前述の各事前手続を不要としたことについては，同法の国会審議においても，提案者や立案にあたった議院法制局からは同空港の安全確保の必要性ないし緊急性が強調されているのみで，十分に説得的な説明はなされていない。以上のことから，本法の直接強制制度は，成田空港に対する暴力的破壊活動阻止のための臨時緊急措置的色彩の極めて強いものであり，今後再導入されるべきわが国の一般的ないし個別行政規制法上の直接強制制度のあり方を検討する上で，重要な参考となりうる立法例ではないと考える。

(2) 学校施設の確保に関する政令 21 条

学校施設の確保に関する政令 21 条は，「この政令の規定により命ぜられ，又はこの政令の規定に基いて管理者により命ぜられた行為を義務者が履行しない場合において，行政代執行法による代執行によつては義務の履行を確保することができないときは，管理者は，直接にこれを強制することができる」として，行政代執行の補充的強制手段として直接強制を定めている。

同条にいう命令としては，3 条に規定する学校施設の使用禁止に係る命令，4 条に規定する管理者による学校施設の占有者に対する学校施設の全部又は一部の返還命令と 12 条に規定する返還命令に基づく引渡義務，15 条に規定する返還の目的である学校施設にある工作物その他の物件の所有者又は占有者に対する当該物件の移転命令，17 条に規定する学校施設及び学校施設にある建物，工作物その他の物件に関し，その占有者その他の関係者に対してなす必要な報告をする旨の命令がある。

3-2 建築基準法への違法工事現場封鎖制度の導入に関する検討経緯

昭和42年12月13日付けの建築審議会の「建築関係法制を整備するための方策等に関する第一次答申」においては，当時，高度経済成長下の地価高騰を背景とする宅地規模の零細化により大きな社会問題となっていた，建ぺい率等に係る違法建築の増加等に対処するため（浪岡（1971）1頁），比較法的観点から，「是正命令，工事中止命令等の遵守を確保するため必要な措置」として，「例えば執行罰の採用を含む罰則の強化を行うこと」とともに，「封印による工事中止を制度化し封印破棄罪の適用があるものとすること」が提言されている。

いうまでもなく，前者の強制手段は間接強制であり，後者のそれは直接強制であって，いずれも違反建築取り締まりのための強力なツールとなるべきものであった。この提言は，同じ内容を含む，同年11月9日の建築法制・市街地建築合同部会による「建築関係法制改善の基本方針に関する報告」を踏まえたものであり，建築基準法上の強制手段を大幅に拡充することを提案したものであった。しかし，結果的に，これらの新たな行政強制制度は，同答申を受けた政府提出の建築基準法改正案には盛り込まれず，国会での議論を踏まえて，改正法の附則第2項に「政府は建築基準法の規定による工事の施工の停止命令等の履行を確保するための措置について検討を加えるものとする」という規定が設けられ，「結論として政府に対し時間をかけて検討するように求めた」（浪岡（1971）5頁）という処理にとどまった。これについて，旧建設省の改正法案立案担当者は，「より早く，より確実に不作為義務を履行させる方法を検討することとなり，すでに検討に着手しているが，行政強制制度の基本にふれる問題であるので，かなりな時間を要することとなろう」としている（浪岡（1971）5頁）。

なお，同改正法案の国会審議においては，当時の政府委員である旧建設省住宅局長が，工事中止命令の強制手段としての封印制度の同法への導入について，前掲の答申を受けて「(内閣:筆者注記)法制局なり法務省とも」協議・検討した結果，「一つの有効な手段とは思」うが，「法律上，非常に難点があるということ」で改正法案に盛り込めなかった旨の答弁を行っている[16]。

4　ドイツにおける直接強制制度の現状とその評価

4-1　ドイツの連邦・州の行政執行法上の直接強制

ドイツの連邦及びすべての州の行政執行法において，強制手段として直接強制 (Unmittelbarer Zwang) が設けられている[17]。すなわち，連邦の行政執行法 12 条は，「代執行又は強制金によって目的を達せられないとき，又はそれらの手段が適用困難なときは，執行官庁は，作為，受忍又は不作為に係る当該義務を強制し，又は作為を自らなすことができる」としている。

ドイツの大多数の立法例では，他の強制手段に対する直接強制の補充性が明定されている。すなわち，直接強制は，「代執行又は強制金によって目的を達せられないとき，又はそれらの手段が適用困難なとき (untunlich)」にはじめて適用しうる最終的な強

16　第 63 回国会参議院建設委員会会議録第 9 号（昭和 45 年 4 月 2 日）14 頁。ただし，具体的にどのような「法律上の難点」があるのかについては，議論が及んでいない。

17　§12 VwVG, §26 LVwVG BW, Art. 34 BayVwZVG, §5a Bln-VwVfG =§12 VwVG, §22 BbgVwVG, §16 BremVwVG, §§21-33 HmbVwVG, §§77-79 HessVwVG, §90 SOG MV, §70 NVwVG i.V.m. §69 NdsSOG, §62 VwVG NW, §65 LVwVG RP, §§22, 22a-25 SVwVG, §§25-27 SächsVwVG, §71 VwVG LSA i.V.m. §58 SOG LSA, §239 LVwG SH, §51 ThürVwZVG.

制手段と位置づけられている。この補充性の要件は，個別法において特別に設けられている直接強制手段の適用においても，その充足が求められるとされる[18]。この解釈によれば，この補充性要件のため，例えば，違反建築の中止命令を強制するための後述の封印等の工事現場封鎖を行う直接強制は，建築行為の中止という不作為義務の強制手段である強制金によっては目的が達せられないか，強制金の適用が困難な場合にのみ認められることになる。

本章では，ミクロ的比較法の対象として，極めて広範な内容をもつドイツの直接強制制度のうちから，特に，わが国行政強制法制の重要な欠缺部分であり，建築規制，土地利用規制，各種営業規制などの分野において必要性が高いと思われる，違法工事や違法営業などの中止命令に係る不作為義務の履行を強制する手段及び原子力災害時における避難弱者に対する直接強制に焦点を当てて論ずることとし，その余のものについては，後日の発展的な調査研究に委ねることとしたい。

4-2 違法工事中止命令の強制手段

ドイツの各州の建築法（Bauordnung）のほとんどは，建築中止（Baueinstellung）の強制手段として，建築現場の封印（Versiegelung）及び建築現場にある建築工事中の建築物，建設機械，建築資材等の差押えを規定している[19]。代表立法例として，ベルリン州建築法78条2項（筆者仮訳）の規定を次に掲げる。

「違法な建築工事が，文書又は口頭でなされた中止命令に反

---

18 Sadler (2011) §12 Rdnr. 39.
19 §64 Ⅱ LBO BW, Art.75 Ⅱ BayBO, §78 Ⅱ BauO Bln, §81 Ⅱ BbgBO, §81 Ⅱ BremLBO, §79 Ⅱ LBauO MV, §89 Ⅳ NBauO, §80 Ⅱ LBauO RP, §87 Ⅰ, Ⅱ BauO Sarl, §79 Ⅱ SächsBO, §84 Ⅱ BauO LSA, §85 Ⅱ LBO SH, §76 Ⅱ ThürBO.

して続行されるときは，建築監督庁は，建築現場を封印し，又は建築現場にある建築工事中の建築物，建築工具，建設機械及び建築資材を差し押さえることができる。」

また，ブレーメン州建築法81条2項及びラインラント・プファルツ州建築法80条2項は，上掲の差押えの費用は建築主が負担すべきことを明定している。他方，ヘッセン州建築法は，このような工事現場封鎖制度の規定を設けていない。

この封印等の工事現場封鎖措置の法的性格については，法律上は明示されていないため，ドイツの学説上争いがある。すなわち，連邦の行政執行法12条に規定する「直接強制」であるとする有力説があり，同説を踏まえて連邦行政執行法の代表的な注釈書でも直接強制の実施方法の一つであるとされており[20]，この解釈によれば，連邦の行政執行法13条所定の事前手続である戒告（Androhung）は必要となろう。しかしながら，ドイツでは，封印等の工事現場封鎖措置は，行政執行法所定の強制手段に含まれない，特別法による独自の強制手段であるとするものが多数説である[21]。特に，Lemke (1997) S. 266 は，建築現場の「封印」は，それ自体は容易に物理的な除去が可能なものに過ぎず，物に対する直接的な実力行使というよりは，むしろ刑法典136条2項の封印破棄罪（Siegelbruch）を威嚇制裁手段として義務者自身による工事中止を心理的に強制する「間接強制」の性格が強いと分析しており，筆者もこの解釈が最も説得力があると考える。

いずれにしても，建築監督機関はこの封印等の工事現場封鎖措

---

[20] Sadler (2011) §12 Rdnr. 64, Engelhardt/ App/ Schlatmann (2011) §12 Rdnr. 12.

[21] Engelhardt/ App/ Schlatmann (2011) §9 Rdnr. 2; Grotefels in Hoppe/ Bönker/ Grotefels (2004) §15 Rdnr. 102; Finkelnburg/ Ortloff (2005) S. 189, 190, 234; Lemke (1997) S. 266.

置により，違法工事の開始後可及的早期の時点で違法な建築物の建築や増改築を強力に阻止することができるのであり[22]，その存在意義は非常に大きい。

前掲のベルリン州建築法78条2項に規定される建築現場の封印及び建築中の建築物等の差押えについては，行政執行法所定外の強制手段と解され，またその緊急的必要性から，連邦行政執行法13条に基づく事前の戒告は不要と解されている[23]。差押えに係る物件は，建築現場から搬出する必要はなく，建築工事の継続に必要とされない物件は返却される。また，封印及び差押えの費用は，工事中止命令の名宛人が負担すべきものとされている[24]。

4-3 営業停止命令の直接強制

ドイツの手工業法（Handwerksordnung）16条4項は，営業停止命令の強制手段として，作業場ないし店舗の閉鎖その他の適切な手段による直接強制を定めている。事業所等の閉鎖は，作業場，道具，機械等の封印によりなされる[25]。また，「その他の適切な手段」については，建設業や解体業などの作業場や店舗を必ずしも必要としない業種においては，他の手段では営業停止の強制が困難であるため，最終的な手段としての強制拘留（Zwangshaft）が認められる[26]。

---

22 Finkelnburg/ Ortloff (2005) S. 186.
23 HessVGH, B.v. 17.5.1984, BRS 42, Nr. 228; Wilke usw. (2008) §78 Rdnr. 37.
24 §41 Abs. 3 ASOG; Wilke usw. (2008) §78 Rdnr. 38.
25 Honig (1999) §16 Rdnr. 32.
26 Honig (1999) §16 Rdnr. 33; BVerwG GewA 1982, 294.

4-4 青少年の有害場所からの強制退去及び保護

ドイツの連邦の青少年保護法 (Jugendschutzgesetz) 8 条は, 所轄行政機関が児童や青少年をその身体的, 精神的な健全性に直接の危害を与える有害な場所 (性的歓楽街, 盗品や麻薬が売買される居酒屋など) から強制的に退去させ, 親権者等の保護下に置くことを認める, いわば「保護的」(：この形容詞は筆者による) 直接強制 27 を規定している。

すなわち, 当該場所における青少年への差し迫った危害が速やかに除去されず, 青少年を自主的に当該場所から退去させるための警察的措置が奏功しない場合は, 州法 28 に基づき退去命令 (Platzverweisung od. Platzverweis) の権限を有する警察は, 最終的な強制措置として, 例えば, 建物のドアをこじ開けたり, 人の

---

27 Sadler (2011) §12 Rdnr. 40, Scholz/ Liesching (2004) §8 Rdnr. 4.
28 §27a Polizeigesetz(Baden-Württemberg), Art. 16 Gesetz über die Aufgaben und Befugnisse der Bayerischen Staatlichen Polizei, §29 Abs.1 Allgemeines Gesetz zum Schutz der öffentlichen Sicherheit und Ordnung in Berlin, §16 Gesetz über die Aufgaben, Befugnisse, Organization und Zuständigkeit der Polizei im Land Brandenburg, §14 Abs.1 Bremisches Polizeigesetz, §12a Gesetz zum Schutz der öffentlichen Sicherheit und Ordnung (Hamburg), §31 Hessisches Gesetz über die öffentliche Sicherheit und Ordnung, §52 Gesetz über die öffentliche Sicherheit und Ordnung in Mecklenburg-Vorpommern, §17 Niedersächsisches Gesetz über die öffentliche Sicherheit und Ordnung, §34 Polizeigesetz des Landes Nordrhein-Westfalen, §13 Rheinland-Pfälzisches Polizei- und Ordnungsbehördengesetz, §12 Saarländisches Polizeigesetz, §21 Polizeigesetz des Freistaates Sachsen, §36 Gesetz über die öffentliche Sicherheit und Ordnung des Landes Sachsen-Anhalt, §201 Allgemeines Verwaltungsgesetz für das Land Schleswig-Holstein, §17 Thüringer Gesetz über die Aufgaben und Befugnisse der Ordnungsbehörden.

抵抗を抑圧するなど[29]の直接強制（Unmittelbarer Zwang）に相当する退去強制処分を実施することができる[30]。一旦退去させた青少年が再び当該有害場所に戻ろうとするなど，この退去処分のみで不十分な場合は，さらに当該青少年を親権者に引き渡す措置が講じられ，親権者と連絡がとれないなどの場合には，ドイツ社会法典（Sozialgesetzbuch）第8編（児童少年扶助）42条に基づき，郡及び独立市に設けられる青少年局（Jugendamt）の保護（Inobhutnahme）下に置くことができ，その際には，適切な施設等への収容による臨時的な宿泊，身の回りの世話及び専門的な助言が提供される[31]。

4-5　直接強制の即時執行

ドイツの連邦行政執行法6条2項により，刑法犯や秩序違反行為の実行を阻止するため，又は急迫の危険を防止するため必要がある場合においては，違反是正命令などの行政行為を前置せずに，直接強制や行政代執行[32]の強制執行手段を適用する即時執行（Sofortiger Vollzug）が特例的かつ一般的な行政強制制度として認められている。また，各州の行政執行法においても，類似の規定が置かれている[33]。

---

[29]　Münder/ Meysen/ Trenczek (2009) §42 Rdnr. 51.

[30]　§42 Abs. 6 SGB VIII, Scholz/ Liesching (2004) §8 Rdnr. 4.

[31]　§42 Abs. 1 Satz 2 SGB VIII, Nikles/ Roll/ Spürck/ Umbach (2005) Teil 1 Rdnr. 145, §8 Rdnr. 11, なお，Inobhutnahmeの詳細については，Späth (1998) を参照。

[32]　条文の文言上はこれらの強制手段に限定されてはいないが，解釈上，強制金については，即時執行の枠組みではその目的を達し得ないので対象とならないとされている（Engelhardt/ App/ Schlatmann (2011) §6 Rdnr. 28, Sadler (2011) §6 Rdnr. 301, Erichsen/ Rauschenberg (1998) S. 41.）

[33]　§5a BlnVwVfG=§6 II VwVG, Art. 35 BayVwZVG, §15 II Bbg

わが国の行政代執行法は，3条3項で，「非常の場合又は危険切迫の場合において，当該行為の急速な実施について緊急の必要があり，前2項に規定する手続をとる暇がない場合」には，行政代執行の事前手続としての戒告及び代執行令書の通知手続を経ないで代執行を行うことができることを規定している。しかしながら，ドイツ法のように行政行為たる命令まで省略することは認めておらず，命令を経ずに直ちに違反状態を解消するための事実行為を行うには，法律による行政の原理から，予め個別法において即時強制の根拠規範を設けておくことが必要となる。

4-6　直接強制の事前手続としての戒告

旧行政執行法の直接強制は，法文上の定めがないため，事前手続としての戒告を要しないとされていた[34]。これは，前述のとおり旧行政執行法5条が前述のプロイセンの1883年共通ラント内務行政法132条を継受したことによるものであり，後者は明文で代執行と金銭罰（講学上の執行罰）については文書による事前の戒告を要すると規定しているのみであり，直接強制については文書による戒告に関する規定は設けられていない。

これに対し，現在のドイツの連邦及び各州の行政執行法に基づく直接強制は，即時執行の場合を除き，事前手続としての戒告を要することとされている。

戒告手続に関する比較法検討としては，私は現行のドイツの立法例にならい，即時執行の場合を除いて，他の行政代執行や間接

VwVG, §11 Ⅱ BremVwVG, §72 Ⅱ HessVwVG, §27 HmbVwVG, §70 NVwVG i.V.m. §64 Ⅱ NdsSOG, §61 Ⅱ LVwVG RP, §55 Ⅱ VwVG NW, §18 Ⅱ SVwVG, §71 VwVG LSA i.V.m. §53 Ⅱ SOG LSA, §230 LVwG SH, §54 ThürVwZVG.

34　有松ほか（1937）229頁，成田（1927）37頁，沼田（1932）224頁。

強制と同様に事前手続としての戒告を要することとするのが，わが国行政手続法の基本的ねらいである「事前手続による行政統制」の観点や義務者に自主的義務履行の選択肢を与え，行政機関にとっても効率的かつ効果的な自主的違反是正を促すという点からも妥当であると考える。

4-7 直接強制の費用徴収に関する比較

わが国の旧行政執行法においては，行政代執行とは異なり直接強制に要した費用の徴収は認められていなかった[35]。

現行立法例である成田空港緊急措置法及び学校施設の確保に関する政令においては，前者で直接強制の実施により生じた物件の保管等に要した費用の徴収に関する規定は置かれているが（3条14項)，いずれの立法例でも直接強制自体に要した費用の徴収については何らの規定も設けられていない。すなわち，これらの現行立法例でも直接強制に要した費用の徴収は認められていないと解される。

この点について，前掲の先行研究においては，直接強制の費用徴収について積極的立場をとるものがある（須藤（2007c）275頁)。

他方，ドイツの連邦及び多くの州の行政執行法においては，義務者に対し直接強制に要した費用を賦課徴収しうることを定めている[36]。また，各州の建築法に基づく封印や建築中の建築物等の差押えの費用についても前述のとおりその徴収が認められている。さらに，前述の直接強制の即時執行がなされた場合にも，その費用は，公課法（Abgabenordnung）344条1項8号により，義務者

---

35 広岡（1961）293頁，加々美ほか（1924）149頁，沼田（1932）224-225頁。
36 §19 I VwVG; Erdman (1987) S. 20 ff.

に賦課徴収することができる（Sadler (2010) §19 Rdnr. 18)。

　筆者は，わが国に再導入されるべき一般的直接強制制度についても，その費用の義務者への賦課徴収は認められるべきであり，さらに，一歩進めてその「事前徴収」も認めてよいのではないかと考える。その理由は，行政上の強制執行手段としての事前手続や事後の争訟について，主題の直接強制は行政代執行と基本的には変わるところがなく，加えて費用の事前徴収制度には，義務者の自主的義務履行を促す間接強制効果が認められるのであるから[37]，義務者による早期の自主的違反是正の促進及び執行行政機関自身の実質的経費負担の軽減につながりうる費用の事前徴収をあえて行政代執行のみに限定しなければならない必然性及び合理性を見出せないからである。また，旧行政執行法上の直接強制とは異なり，事前手続としての戒告は，現行行政代執行法3条3項のように，これを省略せざるを得ない緊急の必要がない限りは行うこととすべきであり，また，この戒告において直接強制に要する費用の概算額を明示することとすべきである。その理由は，費用概算額の明示による義務者の自主的な義務履行の促進効果の発現及び義務者の手続的な権利利益保障のためである。費用事前徴収制度及び事前の戒告手続を組み込んだ直接強制制度及び即時強制の比較手続フローは，図8のとおりである。即時強制との比較では，是正命令の事前手続としての弁明の機会の付与や直接強制の事前手続である戒告，さらには直接強制に要する費用の事前徴収手続において，義務者に対する違反状態のより経済的な自主是正，すなわち是正命令の自主的履行に向けた行政手続上のインセンティブが与えられることにより，効率的な行政上の義務履行確

---

[37] 行政代執行費用の事前徴収制度の間接強制効果につき，本書65-67, 80-82, 91頁参照。

保につながることが期待されるとともに，義務者の手続的権利利益保護の観点からも，即時強制に対する直接強制の優位性が認められるものと考える[38]。

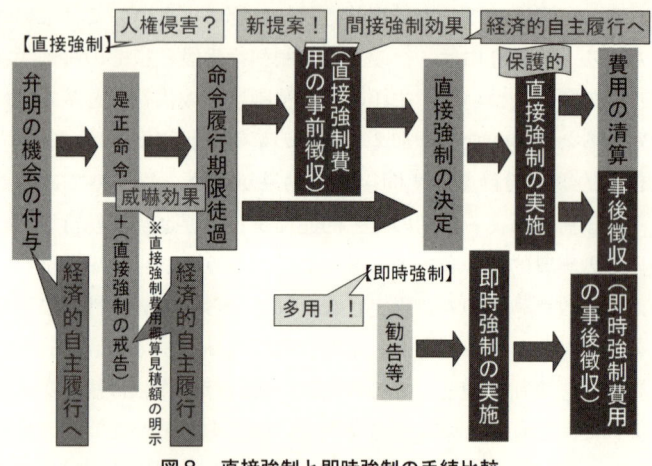

図8 直接強制と即時強制の手続比較

5 直接強制制度に関する立法論的提案と本研究の将来的展開方向

5-1 民事執行法上の直接強制の適用実績

直接強制制度に関する立法論の展開に先立ち，民事執行法上の直接強制の活用状況をみると，同法上の強制手段の見直しに係る平成15年の民事執行法の改正（平成16年4月1日より施行）後の最近5年間の全地方裁判所における民事執行法上の強制手段の申

---

[38] 須藤（2007a）161-163頁は，事後的争訟による救済及び事前の手続的権利保障の観点から，直接強制の即時強制に対する優位性を指摘している。

立件数は，最高裁判所事務総局に対する筆者の聴き取り調査（平成 23 年 5 月 13 日）によれば，次表 5 のとおりである（なお，平成 22 年の数値は速報値である）。

表5

	平成18年	平成19年	平成20年	平成21年	平成22年	5カ年平均	割合
代替執行申立て	739	724	668	592	536	652	0.28%
間接強制申立て	242	75	67	72	69	105	0.04%
直接強制申立て	271,245	236,169	226,799	214,949	221,022	234,037	99.68%
動産執行	109,694	90,900	73,519	68,589	72,728	83,086	35.50%
不動産等引渡	27,526	26,610	25,962	27,363	29,742	27,441	11.72%
動産引渡	259	272	274	323	51	236	0.10%
船舶国籍証書等引渡	21	28	17	15	18	20	0.01%
自動車等引渡	800	802	946	983	1,051	916	0.39%
不動産執行	7,267	5,600	4,731	4,745	4,970	5,463	2.33%
債権等執行	125,678	111,957	121,350	112,931	112,462	116,876	49.94%

民事執行法上の強制手段のうちで，申立件数において平成 22 年までの最近 5 年間の平均で約 23.4 万件と圧倒的多数を占めているのは直接強制であり，中でも債権等執行と動産執行は，それぞれ同 5 年間の平均で約 11.7 万件，8.3 万件（直接強制のうちでのシェアは，それぞれ 49.9％，35.5％）に上っており，行政上の強制執行における状況とは全く対照的に直接強制は他の 2 つの強制手段をはるかに上回る圧倒的なシェアを占める同法上の基幹的な強制手段であることがあらためて確認される。

5-2 新たな直接強制制度の必要性と立法政策上の提言

(1) 主題制度の基本的必要性

わが国の現行法上は，非代替的作為義務，受忍義務及び不作為義務の強制については，砂防法 36 条以外に間接強制手段[39]が設けられていない。このため，これらの義務については，ほとんどの行政規制違反事案についてその是正に向けた義務履行の法的強

---

39 行政上の間接強制制度に関する最新の比較研究については，西津（2006）を参照。

制はできないが，仮に将来的な立法措置により行政上の間接強制制度が再導入されたとしても，これが奏功しない場合の最終的な行政強制手段として，主題の直接強制が必要となることは明らかである。これらの強制手段を欠くわが国の現行行政強制法制は，民事執行法制と比較しても，明らかに重大な「法の欠缺」状態にあるというべきである。特に，違法建築や違法開発行為などの工事中止命令について，これらを早期の段階で強力かつ実効的に強制する法的手段がなければ，当該工事は命令を無視して続行・完了されるおそれが多分にあり，結果的に違法な工事が進捗あるいは完了した後期の段階で違反物件の除却や原状回復のために多大の行政負担を伴う行政代執行を実施しなければならなくなる[40]。このような早期の段階での違法行為の抑止不能によって，後期の段階での行政代執行の実施によって余儀なくされる行政資源の過大な投入は，間接強制や直接強制などの行政強制制度の拡充により十分回避しうるものであるが，これら制度の不備によって生ずる余分な公的経費負担は，最終的には国民ないし市民の負担に帰着することとなる。なかんずく近年米国のサブプライムローン問題を契機に深刻化したグローバルな金融財政危機を背景として，当面の租税歳入不足と各種金融経済対策による歳出増により厳しさを増しているわが国の中央・地方政府の財政状況からしても，もはや従来のように，行政強制法制度の不備に起因し，新たな立

---

40 岡山市行政代執行研究会（2002）によれば，主題の違反建築事案においては，違法工事の発見後早期の段階で当該工事の中止を命令・強制することができず，初期及び中期の段階では実効性に乏しい行政指導の反復に終始した結果，違法工事が完了して当該建築物内でカラオケ喫茶などの営業活動も開始された後，除却命令を経た行政代執行の実施までに約10年の歳月を要し，最終的には行政代執行に要した費用7374万円余のうち，約76％は最終的に義務者から強制徴収しえず，岡山市の公費負担となっている。

法措置と適切な制度運用がなされれば回避しうる過剰な公的経費負担を容認し続けうるものではないと言わなければならない。

(2) **違法建築工事等に対する現場封鎖**

主題の直接強制制度のわが国への再導入の具体的方策については，先ずは，建築基準法や都市計画法などの住宅・都市法，河川法や道路法などの公物管理法，さらには各種環境法など同制度の必要性が相対的に高いと思われる個別法において，違法な建築工事，開発行為，不法占用行為，違法排出行為などの中止命令を強制するため，ドイツで制度化され，わが国でもその損壊等の行為を刑法96条の封印等破棄罪による刑事罰で処罰しうる封印や工事関連物件の差押えによる工事中止命令の強制手段をすみやかに導入すべきである。その際には，適正手続の観点から，緊急を要する場合には省略しうる事前手続としての戒告を前置し（義務者に付与する猶予期間は可及的に短期間とすることが望ましい），併せて費用の事前徴収制度を設けるべきであると考える。また，その導入の可否を検討する際には，前述の建築基準法改正に際し関係行政機関から指摘されたとされている「法律上の難点」とは具体的に何か，またドイツとは違ってわが国ではその克服方策はないのかについて，改めて綿密な比較法制度的検討を行う必要があろう。ただし，この検討は，当時のように限られた国の府省間での密室的で不透明な協議過程の繰り返しとしてではなく，比較法や行政法の研究者などにも開放された透明性の高い場で行われるべきである。

(3) **災害対策における保護的直接強制**

他方，前述のドイツの青少年保護法8条及び社会法典第8編42条に基づく青少年の危険な場所からの退去強制及び青少年局による保護から成る「保護的直接強制」は，例えば，福島第一原発事故に伴い災害対策基本法63条に基づき設定された「警戒区

域」内に，病気などの様々の事情により危険かつ不本意な残留を余儀なくされた，いわば「避難弱者」の住民[41]に対する退去命令の実効的な強制執行手段として法定されるべきものと考える。

すなわち，現行災害対策基本法では，警戒区域内の居住者等の保護を目的とする[42]同法63条に基づく退去命令に従わない場合には，同法116条2号の罰則規定（10万円以下の罰金又は拘留）があるのみで，当該義務履行強制のための法的手段は設けられていない。しかし，住人退去後の建物内の金品や放置されたATM内の現金狙いなどのために同区域内に立ち入るような者はともかく，退去命令に容易に従えない避難弱者に対して罰則を適用するため公訴を提起し，確定有罪判決を得て処罰する（あるいは起訴・処罰を威嚇する）ような対応については，同区域からの退避の実

---

41 産経ニュース（2011.5.16 22:30）によれば，2011年4月22日以降，警戒区域の設定により立ち入りが制限された（福島第一原発からの）20キロ圏に含まれる福島県内の計9市町村に対し，産経新聞が聞き取り調査をしたところ，楢葉町の6世帯7人，富岡町の1世帯2人，南相馬市の4世帯5人，田村市の1世帯4人，川内村の2世帯2人：計5市町村で14世帯20人が同年5月16日現在も同区域内の自宅などに居住していたと報道されている。これらの残留者の多くは高齢者で占められ，「生まれて一度も生家を離れたことがない。ほかの町で生活することは考えられない」「（高齢のため）避難所に行ったら足手まといになる。放っておいてほしい」などといった理由で避難を拒否していた。また，「父は耳が，自分は足が悪く，避難所生活はしたくない」「体があまり動かない。死ぬならここで死にたい」などと身体的事情を挙げる住民もいた。「愛着のある家から出たくない」との理由で50代と80代の独居女性が居住を続ける川内村では，2人に対して職員が週に1度，食料を自宅に届けていた。避難を拒否する住民を支援している形だが，同村の担当者は「食料の調達手段がなく，何もしなければ餓死してしまう可能性もある。人道的見地から放っておくことはできない」と話していたと報道されている。

42 防災行政研究会（2008）311頁。

現という目的に照らし適合性を欠いた手段を用いることとなり，比例原則違反の措置となるおそれがある。また，同区域の設定に際しては，警察庁長官自らそのような対応は抑制的に考えざるを得ない旨の発言を行っており，このような配慮から前掲の罰則の適用がなされないとすれば，実際上は避難指示の場合と同様に引き続き実質的「行政指導」によってこれらの避難弱者に自主避難するよう「説得」に努めるほか手立てがないこととなって避難実現の遅延につながり，事故拡大による放射線量の急激な増大などの危険切迫の場合には，逆に「過小措置」として比例原則違反となるおそれもある。この点，義務履行確保手段として罰則による行政刑罰しか設けていない現行災対法のあり方は，警職法4条の規定はあるも，現実的に唯一警戒区域内における強制的保護活動が可能な災害対策公務員（市町村職員，派遣自衛官など）に実効的な避難強制手段を認めていない点で，「保護義務違反」の立法と批判せざるを得ない。そこで，憲法要請たる保護義務を全うし，憲法原則たる比例原則に適合した避難措置を実現するためにも，前述のように現行災対法には，所要の事前手続を経て正式な退去命令を発した上で，その名あて人に対し必要な保護・援助を与えつつ安全な避難受入施設への移動を強制するような「保護的直接強制」の仕組みが必要である。特に，今回のような予期せざる重大な原発事故に伴う警戒区域の設定は，複数市町村にまたがる極めて広範囲の地域にわたりうるところ，前述の「避難が困難な諸事情を抱える」少なからざる地域住民の円滑な退去強制に係る「罰則以外の」新たな強制手段の創設を前向きに検討すべきである。

(4) **一般的直接強制，即時執行及び行政執行体制整備**

さらに究極的には，ドイツの連邦及び各州の行政執行法に規定されている一般的直接強制制度を，行政代執行及び間接強制の補完的な行政強制手段として再導入すべきである。その際，原子力

災害のような極めて緊急性の高い非常事態にも迅速に対処しうるよう，ドイツ法の即時執行制度を参考に，行政行為としての命令をも省略しうる一般的即時執行制度も併せ導入すべきである。後者は，いわゆる「行政の緊急措置」という枠組みで，行政法学上法律による行政の原理の例外としてその違法性を認めるべきか否かが議論されているケース[43]を，根拠規範を有する合法的な措置として位置づけるためにも必要な立法措置であろう。

加えて，直接強制制度の再導入等によって拡充された各種行政強制手段の適用を適正なかたちに統制するため，その根拠法には比例原則を実定化した規定を設けるべきである[44]。

以上の立法措置をとるに際しては，西津（2006）196-198頁で提案しているように，先ずは構造改革特別区域制度を活用して[45]，一定の要件を充たす特区において試行的に主題制度の導入を行い，その適用状況や問題点をフィードバックした上で，全国レベルで本格導入するアプローチをとることが現実的な立法政策であろうと考える。さらに，近時わが国政府レベルでも積極的な検討が進められつつある[46]「道州制」の導入も，このような法制度改革を

---

[43] 最判平3・3・8民集45巻3号164頁のいわゆる浦安鉄杭撤去事件。本事案の分析を通じて，比例原則に適合した行政の緊急措置によるリスク管理を実現するため，行政強制手段の拡充を提唱する論攷として，本書第2章を参照。

[44] 詳細については，西津（2006）185-188頁を参照。

[45] 効果の検証が比較的容易な屋外広告物規制において，構造改革特区制度を活用して新たな行政強制制度や高額過料を試行的に導入する立法政策提案について，本書187頁以下の付論を参照。

[46] 2008年3月24日に，内閣官房に設置された道州制ビジョン懇談会が，特命担当大臣（道州制担当）に対し，おおむね10年後を目途として道州制の導入をめざすとする中間報告を提出している（http://www.cas.go.jp/jp/seisaku/doushuu/kondankai.html（2009年6月1日現在）を参照）。

実現するための絶好の機会と捉えるべきである。このかつてない大規模な中央・地方政府改革の過程で、中央政府の権限を大幅に道州政府に移譲する一環として、後者の法規範に各管轄地域の実情に即した行政強制法制を創設する立法権を広範に付与するとともに、主題制度を含む新たな行政強制制度の効率的かつ実効的な行政執行体制[47]を構築すべきであると思料する。

5-3 本研究の残された課題と今後の展開方向

本研究は、主として国内で入手可能な欧文・邦文文献をもとに、主題の直接強制制度についてミクロレベルの比較法制度研究を行い、わが国の同制度に関する将来的な立法政策の展開方向を提案した。

これを踏まえて次の段階においては、ドイツの主要都市における同制度の運用状況に関する現地調査を行い、本研究において提示した立法政策の現実的な妥当性を行政実務的観点から詳細に検証する必要がある。これにより、主題制度の企画立案過程で参考にすべき情報とともに、当該立法が実現したのちの行政実務運用上も有益な参考情報が得られるものと期待される。

最後に、本研究が既往の行政強制法制の比較研究を補足して、わが国の中央・地方政府における行政強制法の改善に向けた諸般の取り組みにいささかなりとも資することを期待しつつ、本章を締め括ることとしたい。

---

47 新たな行政強制制度等を運用する行政執行体制の拡充方策については、西津 (2006) 190-192 頁及び 205-206 頁を参照。なお、三好規正 (2008) 229-231 頁は、執行罰制度再導入提案に関連して、その執行のための地方公共団体の行政組織の再編方策を詳細に提案している。

第5章　比例原則と秩序違反法制度の
　　　　　立法政策提案

〈本章の概要〉

　わが国の行政刑罰制度は，多数の行政規制法の罰則規定中に多用されているが，その実際上の適用面では機能不全の状況に陥っており，同制度の抜本的な改善が求められている。

　他方，ドイツにおいては，比例原則が立法権をも拘束する憲法原則として確立され，判例・学説上顕著な発展を遂げている。また，第二次大戦後のドイツにおいて重要な立法的展開を示している秩序違反法制度は，近年他の欧州諸国においても次第に採用されつつあり，これによって広汎な行政犯の秩序違反行為化による非犯罪化が図られている。

　特に，違反建築や違反屋外広告物の取締りに係る建築法上の秩序違反行為については，第一次的には法執行を担当する行政機関によって，わが国の関係法上の罰金に比してはるかに高額の上限額による過料が科される。また，この過料は，ドイツの主要都市においてわが国より遙かに多数の適用実績を挙げており，その法規制執行上の効率性と実効性は高い。

　わが国においても，比例原則は憲法原則として位置づけられるべきものと解されるが，これに照らせば，現在のわが国における行政刑罰の多用状況は立法的に問題である。秩序違反法制度をわが国に導入し，刑罰に比べ権利侵害性のより少ない過料を，十分な手続的保障の下に実効的に適用することにより，当事者の権利利益を保護しつつ，行政上の義務履行確保の実効性を高めることは，憲法的要請に基づく立法政策上の急務であると考える。

1 本章の位置づけ

わが国現行法上，行政強制制度の第一の柱をなす行政代執行制度については，本書第三章でその実効性向上のための改善方策を提示した。また，行政代執行制度とともに行政強制制度の第二の柱をなす「間接行政強制制度」については，既刊の拙著（西津(2006)）において，さらに，これらを補完する第三の行政強制制度の柱としての直接強制制度については，本書第4章において，わが国への再導入に向けた立法政策等に関する提案をそれぞれ提示したところである。

そこで，本章では，上掲の行政強制制度と並んで，各種行政規制の実効性を担保するための行政上の義務履行確保制度の他の一翼を構成する行政上の義務違反に対する制裁制度の大幅な改善に向けた抜本改革的立法論の提示を試みるものである。

2 問題状況及び本章で提示する仮説

2-1 わが国行政規制法における行政刑罰及び過料制度の問題点

(1) 行政実定法における行政刑罰の過剰とその機能不全

わが国の行政上の義務履行確保制度は，1948年の行政代執行法の制定と同法附則による行政執行法の廃止によって，代執行による直接的な義務履行状態の実現と行政刑罰の間接的威嚇による義務の不履行や違反の抑止を基軸とすることとされた[1]。

---

1 間接的な強制による行政上の一般的な義務履行確保手段については，効用の比較的乏しいとされた執行罰ではなく，罰則に定められる行政刑

かかる経緯から，行政上の各種規制に関する法律など，国民の権利義務に直接的な影響を及ぼす法律事項を含む行政実定法においては，罰則に行政刑罰を定めることが一つの慣例となった。例えば，社会資本整備に係る国土交通行政に関連する法律を集めた，平成15年版国土交通六法（社会資本整備編）に採録されている諸法律についてみれば，前掲に該当しない基本法，地域振興法，設置法などを除いて，罰則を設けている法律109本のうち，(a)行政刑罰（刑法に刑名のある刑罰）のみを定めるものが39本，(b)行政刑罰と行政上の秩序罰（過料）の双方を定めるものが64本，(c)行政上の秩序罰のみを定めるものが6本で，罰則において行政刑罰を定めるものは約94%にも上り，多数の法律が罰則を設けていると同時に，行政刑罰が極めて多用されているという事実を確認することができる。

ところで，このようなわが国の行政実定法における行政刑罰多用の現状については，刑法学及び行政法学双方の有力な立場から，批判的な評価[2]がなされている。

前者の代表的な論説として，佐伯（1974）22頁は，「ほとんどの行政違反は，正しく「行政犯」として，何の顧慮もなく，刑事犯と同一の「刑罰」が科せられており，そこには，まことにおそるべき刑罰の濫用がみられるのである」とし，「いわゆる行政犯のうちの多くのものは，刑罰に適しないもの」であり，「それらについては，（中略）刑罰以外のもっと有効でしかも侵害性の少

罰によることとした現行行政代執行法の立法経緯につき，本書8頁，西津（2006）43-44頁を参照。

2 本文中の佐伯（1974）のほかに刑法学者による批判として，板倉（1968）142-143頁，井戸田（1968）158頁以下，中川（1968）187-188頁，福田（1978）41頁。また，行政法学者からの批判として，阿部（1997）454-455頁，田中（1948a）635-636頁。

ないものが，その手続規定とともに，真剣に研究されるべき段階にきていると考える」としている。

他方で，わが国の行政上の義務履行確保制度の重要な一翼をなす行政刑罰制度については，原則的な行政強制制度である代執行制度とともに近年その機能不全が指摘されている[3]。

個別行政規制分野の実績について，一例として建築基準法違反についてみれば，平成17～21年の5年間では，軽微な事案で略式命令請求をされた者が年間平均で3.4名，公判請求をされた者が同じく1.4名となっており[4]，また，同法について確認しうる最新の統計数値として，平成6～10年の5年間では，第一審の有罪判決を受けた者（法人を含む）は年間平均1名となっている[5]。

また，地方公共団体による違反建築の告発状況を代表的大都市である東京についてみると[6]，対象としての違反建築物の件数は，最近10年間のデータでは平成12年度の2611件から平成21年度の1172件へと大きく減少している。このうち，4～6割は行政指導や命令を通じて自主是正されており，同じく平成12年度から21年度までの最近10年間で告発されたものは，平成13年度における世田谷区での1件，同15年度における目黒区での1件，同16年度における大田区での1件，同20年度の千代田区での3件のみ（年平均0.6件）である。

以上のように行政刑罰の適用が極めて少ない理由として，宮崎

3　阿部 (1997) 454頁，市橋 (1996) 235-236頁，宇賀 (2011) 238-239頁，大橋 (2004) 396-397頁，北村 (2003) 234頁。

4　検察統計年報（法務省）による。

5　司法統計年報刑事編（最高裁判所事務総局）による。なお，平成11年以降分については，「特別法犯」の細目が大幅に削減され，「建築基準法」が細目立てされなくなったため，最近のデータは不詳となっている。

6　『建築統計年報』（東京都都市計画局市街地建築部）による。

(1990) 223-224 頁は，実際に行政規制法の適用・執行に当たっている担当職員の断片的な感想から推測しうることとして，次の諸点を挙げている。すなわち，①行政庁が告発して懲役刑を含む刑事処罰を求めるのはゆきすぎであり，苛酷であるという印象を与えがちなこと，②多数の違反事案のうち特定の者に対していわば「選択的に」刑事罰を科すこととなること，③告発や捜査権発動の基準の不明確さから行政側の告発をためらう傾向を生じやすいこと，④刑事罰を科すこと自体に将来の違反行為に対する抑止効果をあまり期待できないこと，⑤行政法違反の是正を主目的とする行政機関としては，そのために告発に至るのは，拙劣という評価を受けかねないことである。

筆者は，行政刑罰の機能不全の原因を大括りに整理すれば，およそ次の3点に集約できるのではないかと考えている。すなわち，①多くの行政規制法違反に係る行政犯が本来刑罰を科すべきでない構成要件内容であるため，関係機関において暗黙裏に適用抑制効果が生ずること，②①により不適用違反事例が増加するため，公平などの見地から「選択的適用」がさらに困難になり，自ずと適用対象が真に看過しえない重大事案に限られ，行政刑罰の一般的威嚇力が低下してしまうこと，③行政刑罰のうち罰金には違反行為によって得られた利益を剝奪する機能がなく，違法行為抑止のための制裁として威嚇力が不十分なことである[7]。

(2) **都道府県警察機関の実情と行政刑罰制度に対する要請**

他方，行政刑罰の適用主体である司法警察組織についてみると，北村 (1999) 157 頁以下は，行政法規に定められた罰則に係る行政刑罰の適用を第一次的に担当する都道府県警察機関の実情及びその改善のための今後の方向性について次のように指摘している。

---

7 北村 (1997) 79-80 頁，135-137 頁，153 頁，260-261 頁など。

平均的な県警本部で、行政法規の刑事罰規定を扱うのは、生活保安課の生活経済担当であるが、だいたい7〜800の法律や条例を、6人くらいで担当している。生活経済警察関係者の多くは、「相談なく増える」刑事罰規定への対応に四苦八苦の状態である。生活経済警察のメインは、産業廃棄物事犯と消費者・悪徳商法事犯であり、それ以外の行政犯の扱いは、どうしても低くならざるをえない。

現場の警察官の問題意識としては、行政的対応で実効的に処理できないものかと考える者が多いようである。また、現場の警察組織の要望として、第一は、行政が与えられている権限を効果的に行使して違反に対応すべきということであり、第二は、違法行為により得られた利益を剥奪するような行政法的システムが必要という点が指摘されている。このうち、強力な経済的ディスインセンティブを発生させるシステム（経済的措置に限定されない）を整備することは、今後、確実に必要になってくるだろう。行政的措置・司法的措置といういわば縦割りの違反対応手段を総合化することも、早急に検討されるべきであろう。

2-2 わが国の現行過料制度とその問題点

過料は基本的に届出義務の懈怠等の単純な義務違反を念頭に置いているため、罪刑均衡の観点から過料額が比較的低く抑えられている。前述の国土交通行政関連の諸法律についてみれば、（罰則の各条を1件とした場合の）過料の上限額の平均は、約14.6万円である。

また、過料は罰金や科料とは異なり労役場留置という換刑処分ができないが、ドイツのような強制拘留（Erzwingungshaft）という自由剥奪による間接強制の手段も認められておらず、強制徴収のコストも大きいので、実効性に欠ける傾向があることは否めな

い。過料の納付を命じられても当事者が故意に支払わない場合，過料処分の実効性をいかに確保するかは困難な問題となっている[8]。

さらに，過料の裁判に対する異議申立てについては，即時抗告と特別抗告しか認められておらず（非訟事件手続法162条3項，民事訴訟法336条），過料の裁判を受けた者には対審公開の裁判を受ける権利は保障されていない。非訟事件手続法による過料の裁判に対する不服申立手続の合憲性について，最大決昭41・12・27民集20巻10号2279頁[9]の多数意見は，「非訟事件手続法の手続により過料を科せられた者の不服申立の手続についてこれを同法の定める即時抗告の手続によらしめることにしているのは，きわめて当然であり，殊に，非訟事件の裁判については，非訟事件手続法の定めるところにより公正な不服申立の手続が保障されていることにかんがみ，公開・対審の原則を認めなかったからといって，憲法82条・32条に違反するものとすべき理由はない」と判示した。確かに，過料を科す手続は行政手続としての実質を持ち，これを現在のように非訟事件手続法の定める手続によるべきこととするのは，同決定の多数意見も述べるとおり，憲法31条，32条及び82条に違反するものではないといえよう。しかしながら，過料の裁判を違法として争う手続は，同決定に対する入江裁判官の反対意見が述べるように，一連の非訟事件と解すべきではなく，別個に法律上の争訟として観念すべきものであり，これについては対審公開の裁判が保障されていなければ，憲法32条及び82条に違反するおそれがあると思われる[10]。

---

8 宇賀（2011）245頁。
9 過料決定に対する抗告棄却決定に対する特別抗告事件。
10 同旨：市橋（1993）124頁，宇賀（2011）249頁，広岡（1967）157-158頁。

以上のように,現行の過料手続は種々の法制度上の難点を抱えており,その抜本的な改善は,人権保護に十分に配慮しつつ法律上の義務履行確保を図るべき法治国家としてのわが国の喫緊の課題である[11]といっても過言ではないと考える。

2-3 範型としてのドイツの秩序違反法制度と法的判断基準としての比例原則

わが国の行政刑罰制度の改善のためのモデルとして,ドイツの秩序違反法(Gesetz über Ordnungswidrigkeiten)及びこれに基づく個別実体法の秩序違反行為規定がある。本章では,後者について筆者の職務経験に係る問題関心領域から,ドイツの連邦法である建設法典(Baugesetzbuch)及び各州の建築法(Bauordnung)に係る秩序違反行為規定を取り上げる。

また,同国の秩序違反法制をわが国の行政刑罰法制と対比するにあたって,主にドイツにおいて,憲法原則として判例・学説上大きな発展を示している比例原則(der Grundsatz der Verhältnismäßigkeit)を取り上げ,同原則の内容とそのドイツや欧州及びわが国における法的位置づけを整理するとともに,これを法的判断基準として,わが国の行政刑罰法制のあり方について,法的な検討を行う。

2-4 政策課題解決のための仮説

本章において提示する仮説は,ドイツ及びその他の欧州諸国において実現している秩序違反法制度をわが国に適するかたちで本格的に導入するとともに,広汎な行政実定法,特に各種行政規制

---

11 過料に係る手続法の整備の必要性を指摘するものとして,塩野(2009) 251頁注(2)。

法における行政犯を秩序違反行為化して，執行行政機関が間接行政強制制度とともに積極的に活用することにより，行政刑罰の機能不全を解消し，違反者の権利利益の保護を図りつつ，各種行政規制の大幅な実効化を図ることができる可能性が高いというものである。

この仮説は，既に佐伯千仭博士が，ドイツなどの「行政罰法が，行政違反に対する制裁を，刑罰とは全然別個のものとして構成しながら，その要件や制裁手続等の保障規定に関しては，刑罰が科せられる場合のそれにできるだけ近づけようとしている点は，まことに妥当な立法の態度というべきであろう」と評価され，行政犯のうち刑罰に適しないものについては「刑罰以外のもっと有効でしかも侵害性の少ないものが，その手続規定とともに，真剣に検討されるべき段階にきている」とし，これについてドイツなどの立法が参考とされるべきであるとされる提案[12]を，主に比較法的・行政実務的観点から敷衍するものである。

3 ドイツ比例原則の歴史的沿革とその現代的展開

3-1 ドイツにおける比例原則の歴史的沿革

ドイツ法における比例原則は，これに類似する法思想の歴史的淵源は古代にまで遡りうるとされるが，その法学的沿革は比較的新しく，法思想的萌芽は広義の警察法に関する19世紀後半のプロイセン上級行政裁判所の判例に認められ[13]，その直接の前身は，

---

12 佐伯（1974）22頁。
13 Hirschberg（1981）S.3 ff.; Lerche（1961）S.24, 135, 194; Michael（2001）S.148：代表的な判例として，ベルリンのクロイツベルク戦勝記念碑からの眺望確保のための建築制限に関する警察命令を無効とした1882年のクロイツベルク判決が挙げられる。但し，高木（1993）216頁

必要性の原則（Grundsatz der Erforderlichkeit）として 19 世紀末に形成された[14]。なお，Verhältnismäßigkeit という術語を初めて用いたのは，19 世紀初頭のドイツ警察法に関する Berg の著作[15]である[16]。

ドイツで比例原則の原型である過剰侵害の禁止原則（Übermaßverbot）を初めて実定化した法律は，警察を「必要な措置」をとることに制限した，プロイセン一般ラント法10条2項17号である[17]。同条項は，「公共の平穏，安全及び秩序を維持し，公衆又はその個々の構成員に対する危険を防除するために必要な措置をとることを警察の職務とする」としているが，これは，同法の有力な起草者の一人であった Svarez が，その啓蒙主義哲学の一部として，プロイセン皇太子への進講[18]において国家権力の制限に関する一般原則として示した過剰侵害の禁止原則を，警察法の第一の原則として同条項に結実させたものである[19]。

警察法の一般条項におけるこのような侵害の制限から，のちに学説と，特に前述のプロイセン及びザクセンの上級行政裁判所の判例は，必要性の原則又は（及び）比例性の原則，場合によって

　　は，同判決は委任立法の限界論ないし法律の留保論について意義を有するにとどまるとする。

14　Hirschberg (1981) S. 2
15　Berg, Günter Heinrich (1802) Handbuch des Teutschen Policeyrechts, 2. Aufl., S. 89-91
16　Jakobs (1985) S. 97
17　Sachs (2003) Art. 20 Rdnr. 145, Stern (1994) S. 766。但し，高木 (1993) 216頁は，プロイセン一般ラント法10条のこのような理解は誤りであるとする立場 (Preu, Götz) を紹介している。
18　Carl Gottlieb Svarez, Vorträge über Recht und Staat, 1791/1792
19　Stern (1994) S. 766, Sommermann in Mangoldt/ Klein (2000) Art. 20 Rdnr. 299

は過剰の禁止を導き出した[20]。Fleinerの有名な「警察は大砲で雀を撃ってはならない」という法格言もこの過程で生み出されたものである。但し,術語は既にこの当時から混沌としていた。

その後,1931年のプロイセン警察行政法41条2項は,「公共の安寧秩序に対する障害の除去又は警察上の危険の実効的な防止のために複数の手段が想定される場合,警察行政庁はそのうちの一つを採用すれば足りる。但し,その際,できる限り当事者及び公衆の利益に対する侵害が最小となる手段を選択しなければならない。当事者には,その申立てにより,自己の提供する,危険防止に同様に実効的な他の手段を取ることを認めなければならない。この申立てに対する拒否は,新たな警察処分とみなす」と規定している。同条同項2段の「その際,できる限り当事者及び公衆の利益に対する侵害が最小となる手段を選択しなければならない」とする文言は,現行の連邦行政執行法などの比例原則規定の範型となっている。

戦後においては,ドイツ連邦憲法裁判所が1954年の判決[21]で最初に比例原則という術語を使用し,1958年のバイエルン薬事法違憲判決[22]以降,各種の憲法領域における違憲審査基準として

---

20 Stern (1994) S.766
21 Entscheidungen des Bundesverfassungsgerichts (BVerfGE) 3, 383 (399):直近の被選期間において州議会に継続的に最低3名の議員を出していた政党については選挙区立候補者の推薦に政党の州支部構成員の署名を不要としたノルトライン・ヴェストファーレン州選挙法の規定は,小規模政党内の意見対立を回避するという目的に適合的であり,目的と手段の関係において求められる比例原則に反するものではないと判示。
22 BVerfGE 7, 377:基本権である職業選択の自由を制限する手段に関する立法について比例原則を適用し,薬局の営業許可において,均衡のとれた薬品の供給確保のため,薬局の新設場所を限定することができるとしたバイエルン薬事法3条1項に反するとしてなされた不許可処分を取

次第に頻繁に用いられるようになったとされており[23]，多くの判例・学説によって顕著な理論的発展を実現している。

3-2 欧州各国法及びEU法における比例原則の地位

比例原則は，ドイツのみならず，オーストリア，スイスなどにおいても，一般的法原則として認められている[24]。フランスにおいては，比例原則（Le principe de proportionnalité）は，行政機関はそのすべての費用がそのもたらす便益を超過するような措置をとってはならないという意味を有すると理解されており，措置の目的が正当なものであるのみならず，措置，その目的及び措置がとられる環境が適正な関係にあることが求められる[25]。この原則は，ドイツのように憲法原則としての一般的法原則としてではなく[26]，良識の準則（règle de bon sens）として，警察，公務員懲戒，都市計画・土地利用，環境保全などの行政法及び一部の労働法の分野において，Conseil d'Etatをはじめとする裁判所による行政処分の適法性審査基準として用いられている[27]。

さらにEU法においても，比例原則は主にヨーロッパ裁判所の多数の判例によって形成され，すべての構成国に共通な法的基盤を構成する主要な法原則の一つとなっている[28]。

すなわち，欧州共同体の判例法上，比例原則が初めて採用され

り消し，同条項を無効とした。
23　Grabitz (1973) S.569
24　Stern (1994) S.768, Ress (1985) S.5 ff.
25　Emiliou (1995) p.88
26　Emiliou (1995) p.88, 96
27　Teitgen (1985) S.53，なお，各行政分野での判例法の展開につき，Emiliou (1995) p.97 ff.
28　須藤 (1990) 331-333頁。

たのは，1955年のFédéchar事件判決[29]であり[30]，その後の多くの判例においてその定義が引用されている1982年のFromançais事件判決[31]を経て，家畜飼料にホルモン剤を添加することを禁ずる理事会の命令が比例原則に反するか否かが争われた1988年のFedesa事件判決[32]において，3つの部分原則から構成されるドイツの比例原則概念に接近した定義が示されている[33]。

共同体法における比例原則の法的淵源については，1970年のInternationale Handelsgesellschaft事件の法務官（Advocate-General）意見[34]において，第一に共同体法の一般原則，第二に共同体条約の明文規定が挙げられ，加盟国の国内法であるドイツの基本法は排除されている。

---

[29] Case 8/55 [1954-1956] European Court Reports (ECR) 292 (299)：「企業による違法行為に対する最高機関による間接的な対応措置は，当該違法行為の規模に比例したものでなければならないという法の一般原則に照らし」という表現で比例原則を提示。

[30] Emiliou (1995) p.134, Pache (1999) S.1034

[31] Case 66/82 [1983] ECR 395 (404)：「共同体法の規定が比例原則に適合していることを確認するためには，第一に，当該規定が目的を達成するために採用する措置がその目的の重要性に対応しているか，第二に，当該措置が目的の達成のために必要であるかを確認しなければならない」として比例原則を定義。

[32] Case C-331/88 Fedesa [1990] ECR I-4023 (4063)：「ヨーロッパ裁判所は一貫して，比例原則を共同体法の一般原則の一つとして捉えてきた。この原則によれば，経済活動の禁止の適法性は，当該禁止措置が当該立法により合法的に追求される諸目的を達成するために適合的かつ必要であり，複数の適合的な措置の選択の余地があるときは，最も侵害の程度の少ない措置を採らなければならず，また，当該措置によってもたらされる不利益は，それによって追求される成果に対して比例的でないものであってはならない」

[33] ヨーロッパ裁判所判例における比例原則の定義及び沿革につき，Emiliou (1995) p.134 ff.

[34] Case 11/70 [1970] ECR 1125 (1147)

比例原則により共同体の処分を違法とした判例としては，共同体域外への輸出許可の取得に先だって納付させた保証金の没収処分が過酷に過ぎ，比例原則に反するとして原告の請求を認めた，1979年のAtalanta Amsterdam B.V. 事件判決[35]や1984年のE.D. & F.Man (Sugar) 事件判決[36]などがある[37]。また，同時に比例原則は，EU行政法，特に経済行政法の分野では，具体的な法解釈の基準としても機能している。

上述のように判例法によって形成されてきた比例原則は，近年EUの基本条約において実定化されている。すなわち，欧州共同体条約5条3段は，「共同体のいかなる行動もこの条約の目的を達成するために必要な限度を超えてはならない」と規定している。また，2004年6月に採択された欧州憲法条約9条4項は，「比例原則により，連合の行動の内容及び形式は，この憲法の目的を達成するために必要な限度を超えてはならない」と規定している。

3-3　比例原則を構成する部分原則

ドイツでは憲法原則とされる比例原則，すなわち広義の比例原則 (der Grundsatz der Verhältnismäßigkeit im weiteren Sinne) は，その構造を明確に示した判例である，連邦国防大臣による信書及び電話の監視措置に関する1984年6月20日の連邦憲法裁判所決定（いわゆる「盗聴判決」）[38]によれば，次の3つの部分原則から構

35　Case 240/78 [1979] ECR 2137(2152)
36　Case 181/84 [1985] ECR 2889(2906)
37　岡村 (2001) 208頁。
38　BVerfGE 67, 157(173)：「比例原則によれば，本件で問題となる基本権制限（戦略的監視）は，法益（ドイツ連邦共和国に対する武力攻撃の危険の適時の認識及び対処）を実現するために適合的でなければならない。加えて，制限は必要でなければならず，より穏やかな手段で足りる場合は，必要性は認められない。最後に，制限は狭義に比例的でなけれ

成される。すなわち，①適合性（Geeignetheit）の原則，②必要性（Erforderlichkeit）の原則及び③狭義の比例性の原則（Verhältnismäßigkeit im engeren Sinne）である。③の狭義の比例性の原則は，過剰の禁止（Übermaßverbot），要求可能性（Zumutbarkeit），均衡性（Proportionalität）とも称される。その内容は，論者によって様々な表現がなされているが，ドイツ連邦憲法裁判所の判例などを引用した代表的な解説[39]によれば，およそ次のとおりである。

すなわち，①適合性の原則とは，「その（手段の）助けによって期待された成果を促進することができる」手段を使用すべきこと[40]，あるいはその手段によって「目的達成が可能であること」[41]をいう。この原則に適合するには，使用される手段は最善のもの又は最適のものである必要はない[42]。したがって，適合性審査をパスする措置や手段は複数存在しうる。また，手段が個別事例において実際に効果を発揮する必要もない[43]。すなわち，この原則を充たすためには，「抽象的な目的達成の可能性」で足りる[44]。未

ばならないが，これは，制限が基本権の重要性及び意義に照らして適正な関係になければならないことを意味する。」

39 Jarass/ Pieroth (2002) Art. 20 Rdnr. 83 ff.
40 BVerfGE 96, 10(23); 30, 292(316); 33, 171(187); 67, 157(173)
41 BVerfGE 67, 157(175); 96, 10 (23)
42 Stern (1994) S. 776 f., Jarass in Jarass/ Pieroth (2002) Art. 20 Rdnr. 84
43 BVerfGE 67, 157(175):「当該郵便及び電気通信の監視措置によって，望まれた成果が現実に得られたかどうかは，重要ではない」，Dreier (1998) Art. 20 Rdnr. 170
44 BVerfGE 67, 157(175):「目的の達成を促進する可能性という意味における手段の適合性は，上告人の主張する解釈とは異なり，個々の事例において目的が現実に達せられたこと，あるいは達成が可能であることを要しない。目的達成の抽象的な可能性があれば十分である」，Herzog in Maunz/ Dürig (2000) Art. 20 VII Rdnr. 74

だ完了していない措置に対する適合性審査においては，予測評価（Prognose）が必要となる。この予測評価による審査において裁判所のスタンスは抑制的であり[45]，この原則に基づき裁判所によって適合性が否定されるのは，「措置があらゆる認識の可能性を尽くしたならば，法律公布の時点で明らかに目的達成のため役立たないと認定されえた場合」[46] に限られる。

②必要性の原則とは，いかなる手段もその目的を達成するために必要な限度を超えてはならないというものである。必要性の審査は，適合性の充足を前提とする。当該手段の目的が，他の同様の効果を有する手段でその処分の当事者の基本権を全く侵害せずあるいはより少なく侵害すると認められるものによっても達成できる場合には，この原則違反となる[47]。

ただし，連邦及び各州の行政執行法[48] が強制手段の切り替えを認めているように，適合性原則においてと同様に，複数の必要な措置ないし手段が存在しうる。このため，連邦憲法裁判所の判例[49] は，「より過酷ではない他の手段を用いうることが一義的に認定できる場合に限り」，過剰な負担として憲法違反となるとし

---

[45] Stern（1994）S. 778

[46] BVerfGE 39, 210(230)：「ある措置が役に立つものであるかの憲法判断においては，立法者がその視点から，選ばれた措置によってその目的が実現されうるという判断に立っていたかどうかが決定的に重要である。立法者の予測評価が，経済政策上の因果関係において正当であり支持しうるかについては，連邦憲法裁判所は，当該措置があらゆる認識の可能性を尽くしたならば，当該法律の公布の時点で明らかに目的達成のために役立たないと認定されえた場合にのみ，これを否定しうる。」

[47] BVerfGE 53, 135(145 f.); 67, 157(177); 68, 193(219); 92, 262(273)

[48] §13 VI VwVG usw.

[49] BVerfGE 17, 232(244 f.); 25, 1(19 f.); 30, 292(319); 37, 1(21); 38, 281(302); 39, 210(230); 40, 196(223); 40, 371(383); 49, 24(58)

ており,いわゆる明白性による統制となっている。

また,この場合の代替手段は,それを発動する公的主体にとって不相応に大きな財政負担をもたらすものであってはならない[50]とされており,公的負担のバランスも配慮される。

③狭義の比例性の原則とは,処分による侵害が「基本権の重要性と意義に照らし相当な程度であり」[51],「侵害の重大さとその侵害が正当化される理由の重要性及び緊急性が,総合的考量において相当と認められる範囲内にあること」[52]である。この原則による審査では,問題となる措置ないし手段がその当事者にもたらす不利益とそれによって実現される公共の利益とが比較考量される。

狭義の比例性の原則による審査では,積極的に措置が比例的であることを要求するのか,あるいは,消極的に比例的でない措置を排除するのかという両様のアプローチがありうる。

独判例においては,連邦憲法裁判所は後者をとり,消極的に審査する傾向があるとされている[53]。しかし,後者の立場は行き過ぎると実質的に比例原則の適用否定に近いものとなってしまうことも懸念される[54]。筆者は,国民の権利を制限し義務を課す処分や立法を行う行政・立法府等には,その処分等を積極的に比例的なものとすることが求められるべきものと考える。

---

50 Manssen (2002) §8 Rdnr. 163, Vgl. BVerfGE 77, 84 (110 f.); 81, 70 (91 f.)
51 BVerfGE 67, 157 (173)
52 BVerfGE 83, 1 (19); 68, 193 (219); 90, 145 (173); 102, 197 (220)
53 須藤 (1991a) 506-507頁, Gravitz (1973) S.575
54 小原 (1985) 2頁。

3-4 憲法原則としての比例原則の位置づけに関する独日比較と私見

ドイツ連邦憲法裁判所の判例[55]によれば、比例原則は基本法20条3項に基づく法治国家原理（Rechtsstaatsprinzip）及び基本権の存在それ自体に由来する憲法原則とされており、圧倒的多数の学説がこれを支持している。比例原則の適用領域は、伝統的な警察行政や規制行政のみならず給付行政を含む全行政領域に及ぶとされ、また、同原則は、行政権のみならず立法権をも拘束する憲法原則として、今日重要な違憲立法審査基準となっている。

わが国の憲法学においては、比例原則を憲法原則とする説[56]は少数であるのみならず、概説書においてもこの原則への言及自体がなされていない例[57]が多い。その原因の一つは、わが国の判例においては、ドイツと大きく異なり、法令や行政処分が比例原則に違反すると明示するもの[58]や同原則に言及するものが極めて少ないこと、また、第二次大戦後のわが国の憲法学においては、現憲法制定の経緯から米国の影響が強く、主に表現の自由などの精神的自由を制限する法令についての裁判所の合憲性審査基準として、米国最高裁において確立されてきた、「より制限的でない他の選びうる手段」の基準が、特に重点的に紹介され[59]、猿払事件

---

[55] BVerfGE 19, 342 (348 f.)

[56] 青柳（1985）625 頁。ほかに、比例原則は日本国憲法の基本原理である法治主義から派生する規範的要請とする長尾（1997）30-31 頁、憲法13条は「必要最小限度の規制の原則」を宣明しているとする佐藤（1995）402 頁及び野中ほか（2001）238-239 頁がある。

[57] 同旨：須藤（2010）259-261 頁、高木（1993）211 頁。

[58] 比例原則違反を理由の一つとして明示して、出入国管理及び難民認定法に基づく退去強制令書発布処分を違法とした最近の判例として、東京地判平 15・9・19 判時 1836 号 46 頁がある。

[59] 紙幅の制約から詳細は割愛するが、代表的な先行研究として、戸松秀

第一審判決[60]などにも採用されてきたことにもよるのではないかと考える。他方，わが国行政法学においては，比例原則は単なる条理上の原則ではなく，憲法13条後段に基づく憲法原則であるとする説[61]が多数であり，筆者も現代社会における基本的人権保護のための立法・行政の裁量統制の重要性に鑑み，この説を支持する。同説によれば，憲法原則である比例原則は，行政権のみならず，立法権及び司法権をも拘束することとなる。

4 ドイツ秩序違反法制度の現代的展開

4-1 ドイツ秩序違反法制度の歴史的沿革とその国際的展開

秩序違反法の法体系は，ドイツにおいて1945年以降に大きく発展したものである。

ドイツ秩序違反法に関する現在最も詳細なモノグラフである長野（1980）6頁以下によれば，現行のドイツ秩序違反法制度の歴史的沿革はおよそ次のとおりである。

ドイツでは，中世以来，いわゆる刑事犯と行政犯とを区別せずに国家がこれらに一律に刑罰を科すことには抵抗感があり，刑法学においても，Köstlinによって「法律学者を絶望の淵に陥れる区別」と表現された[62]両者の区別の基準については，多くの学説論争が繰り広げられてきた[63]。

典『憲法訴訟』（有斐閣，2000）310頁以下，芦部信喜『現代人権論』（有斐閣，1974）などがある。

60　旭川地判昭43・3・25下刑集10巻3号293頁。

61　今村成和ほか（2002）98頁，川上（1980）24頁，芝池（2006）84頁，高木（1993）228頁，高田（2009）42-43頁，田村悦一（1967）239頁，藤田（2003）100-101頁，宮田（1975）153頁。

62　Neue Revision der Grundbegriffe des Criminalrechts, 1845, S. 28

63　行政犯と刑事犯の区別の基準に関するドイツの学説については，福田

立法においても,既に1794年のプロイセン一般ラント法 (Allgemeines Landrecht) では,警察上の違反 (Übertretung) を刑事犯と区別し,前者については警察による処分を認めることとしており,1871年の刑法典 (Strafgesetzbuch) においては,犯罪を重罪,軽罪及び違警罪に区分し,建築規制などの警察事犯の大部分は,違警罪構成要件として最終章に規定された。しかし,その後,行政国家現象の進展に伴う行政の活動範囲と行政による下命・禁止の大幅な拡大に伴い,次々に生ずる新たな個別の違警罪構成要件を,刑法典中に採り入れることは不可能となり,新たな違警罪構成要件は,個別法中に散在して規定されることとなった。こうして数十年のうちに膨大な数の極めて多様な違警罪構成要件が個別法において蓄積されることとなり,これらのすべてを刑法上の刑罰を科す犯罪構成要件として一括して取り扱うことの問題性が次第に強く意識されるようになった。

このような過程で,行政刑法の父といわれる J. Goldschmidt は,刑事犯と行政犯の間の本質的相違を論証しようと試み,行政犯の刑事犯からの分離を主張し大きく注目された。また,Windthorst は,既に1870年の時点で帝国議会審議において,本来の刑法に属さない警察犯の区別は立法者が行うことを要請しており[64],D. Kahl は,1902年のドイツ法曹大会において,両者の分割は立法者自身が思いきって行うべきであると主張した[65]。

戦前の1919年ライヒ租税通則法 (Reichsabgabenordnung) は,裁判所ではなく財務行政機関が行政手続によって秩序刑 (Ordnungsstrafe) を科すべき違反行為 (行政犯) を法律の構成要件上

　　(1978) 3頁以下,村上 (1981) 4頁以下に詳しい。

64　Goldschmidt (1902) S. 438

65　Verhandlungen des 26 DJT, 1903, Bd. 3 S. 212 ff., Schmidt (1950) S. 29

明確に区別する画期的な立法として評価されるが，この行政機関により科される秩序刑は，その後 1933 年以降のナチス体制下においては，経済刑法の分野での原則的な制裁手段とされるに至った[66]。

ドイツに初めて秩序違反行為（Ordnungswidrigkeit）という概念を導入したのは，第二次大戦後の 1949 年 7 月 26 日の経済刑法（Wirtschaftsstrafgesetz: Gesetz zur Vereinfachung des Wirtschaftsstrafrechts）である。すなわち，同法は，秩序違反行為に対しては，刑罰とは異なる制裁としての過料（Geldbuße）を科すこととした。これは，いわゆる行政罰の刑事罰からの完全な分離，すなわち行政犯の非犯罪化（Entkriminalisierung）の実現に他ならなかった。

この秩序違反行為の概念は，1952 年 3 月 27 日の秩序違反法及びその後新たに制定され又は改正された（秩序違反法以外の）個々の諸法律（州法をも含む）に引き継がれ，さらに 1968 年 3 月 24 日の現行秩序違反法に継承されて今日に至っている。現在のドイツの秩序違反法制度においては，戦前に D. Karl が主張したように，秩序違反行為と犯罪の区別はそれぞれの構成要件規定の設定という立法行為を通じて，立法者により決せられることとなっており，これによってかつての極めて多くの行政犯は秩序違反行為とされ，抜本的な行政犯の非犯罪化が実現している。

ドイツ以外の諸国においても，純然たる秩序違反に対する異なった法的処理を行う同様の法制度の導入が実施されている。EU 加盟国においては，ポルトガルがドイツの秩序違反法を広汎な部分でほとんど逐条的に継受し，また，オランダ，オーストリア，スウェーデン及びスペインにおいても，細部では異なっては

---

[66] 福田（1978）22-23 頁，長野（1980）13-14 頁。

4-2 ドイツの秩序違反法の概要

ドイツの秩序違反法は，秩序違反行為の成立に関する実体法規定のほかに，過料が科される手続を定めた手続法規定によって構成される一般法である。具体的にいかなる行為が秩序違反となるかという構成要件に当たるものは，大部分が個別法で定められている。

同法は，第1編 (1～34条)：総則，第2編 (35～110条)：過料手続，第3編 (111～131条) 個別の秩序違反行為，第4編 (132～135条)：末尾規定によって構成されている。

第1編は，適用範囲，処罰の基本原則及び秩序違反の法的効果に関する規定をまとめており，第3章において，過料の上下限額，過失の場合の減額及び過料の算定勘案事項ないし経済的収益額による算定基準を定める (17条)。

第2編が定める過料手続においては，原則として第一次的に所管の行政機関が自ら，例外的に一定の場合検察官及び裁判所が秩序違反行為について捜査を行って，すなわち，行政機関は当事者の尋問，証拠等の閲覧，占有者が任意に引き渡した証拠等の領置その他の保全などは自ら直接，また，採血などの当事者の身体検診，本人の意思に反する写真撮影や指紋採取，緊急の場合を除く差押え，逮捕，勾引などは裁判所に申し立てることにより，訴追する (35条1項，46条1～5項)。また，行政機関は軽微な秩序違反行為にあっては当事者を警告し，必要があるときは最低5ユーロ最高35ユーロの額の警告金 (Verwarnungsgeld) を徴収できる (56条1項)。過料の賦課決定については，原則として行政機関が過

---

67 Göhler (2009) Einleitung Rdnr. 16 (S. 6)

料裁定（Bußgeldbescheid）を下すことにより行うが（35条2項，65条），当事者はその送達後2週間以内に異議（Einspruch）を申立てることができ（67条），適法な異議申立を受けた当該行政機関は，検察官への書類送付までは，過料を科す必要がないと認めた場合は過料裁定を撤回し，あるいはその撤回後も新たにより低額の過料裁定を下すこともできる（69条2項）。異議申立ての後，当該行政機関は検察官へ書類送付し，検察官から書類が当該行政機関の所在地を管轄する区裁判所に提出され，同裁判所が審判し公判による判決（Urteil）又は決定（Beschluß）により当事者に無罪を言い渡すか，過料を確定するか，附帯効果を命ずるか又は手続を中止するかを裁判するが（68条，72条1項，同条3項1段），決定による裁判が許されるのは当事者と検察官の双方が異議を唱えない場合に限る（72条1項）。この場合，判決は過料裁定を当事者に不利に変更できるが，決定では不利益変更は禁止される（72条3項2段）。この判決又は決定に不服なときは，さらに所定の要件を充たせば法律上の抗告ができる（79条）。

また，過料審判の執行（第9章）として，連邦の行政機関が発した過料裁定に係る過料については連邦の行政執行法により，また，その他の行政機関が発した過料裁定に係る過料については各州の行政執行法により，当該行政機関（執行官庁：Vollstreckungsbehörde）が強制徴収し，裁判所による過料審判の執行については，刑事訴訟法等により裁判所が強制徴収する（90-91条）。

さらに，裁判所は，過料が支払われないなど所定の要件を充たす場合には，過料裁定を発した行政機関（執行官庁）の申立て又は職権によって，過料の支払いのための強制措置としての強制拘留（Erzwingungshaft）を命ずることができる（96条）。

4-3 ドイツにおける建設法典及び建築法上の過料規定の内容及びその適用状況

(1) 連邦の秩序違反法上の過料上限額と秩序違反行為により得た経済的利益の剥奪

秩序違反法17条1項は、「過料の額は、その下限額を5ユーロとし、かつ、法律が別段の定めをしていないときはその上限額を1000ユーロとする」としている。また、同条4項は、「過料は、行為者がその秩序違反行為から得た経済的利益を超えるものとする。法定の上限額がこれに達しないときは、その上限額を超過することができる」としている。

この秩序違反行為により得た経済的利益の剥奪を目的とする17条4項の規定により、過料の額は秩序違反行為から得た経済的利益に応じて、実質的にいわゆる青天井となりうるのであるが、この規定は、過料の実効性確保のためその最適な額を設定する上で、2-1⑴に述べた罰金の制度的制約にも関連して、非常に重要な意義を有するものであると考える[68]。

特に、行政規制の執行を所管する行政機関が行政強制手段の適用と併せて過料を科すべき場合の一例として、違反者が行政機関による是正命令と行政強制の戒告を受けて秩序違反行為による違法状態を最終的には是正しても、是正命令に従って違反状態を是正すれば、行政強制手続は中止せざるを得ない[69]。このため、違反者が秩序違反行為による違反状態の開始からその是正までの間に不法な経済的利益を得てしまい、そのような秩序違反行為(例えば、違反屋外広告物の掲出)の反覆によって不法な利益(違反広

---

[68] 本章155-156頁に引用した北村(1999)157頁以下の指摘のほか、不法投棄などで得た利益を剥奪する行政的仕組みの必要性を指摘する北村(1997)153頁など。

[69] 連邦の行政執行法(Verwaltungs-Vollstreckungsgesetz)15条3項。

告物による広告利益）を蓄積する誘因が働きうる。そのような場合には，秩序違反行為がなされたこと自体を理由とする過料の賦課によって，不法な利益を剥奪するとともにさらに超過的な制裁を加えることにより，このような不法な利益の脱法的稼得を狙った秩序違反行為を効果的に抑止することができる。

また，これと殆ど同じ趣旨の規定が，強制金の額に関するバイエルン州行政送達・行政執行法31条2項1段に設けられているが[70]，その立法過程で，秩序違反法の前述の規定が参考にされたことが窺える。

(2) **連邦の建設法典上の秩序違反規定とわが国都市計画法の罰則規定との比較**

建設法典213条は，①不正な申請や図書の提出により行政行為を誤らせる行為（1項），②測量準備作業のための標識物件の除却等の行為（2項），③地区詳細計画において定められた植栽等の義務に違反することにより計画に基づく緑地等の整備を阻害する行為（3項）及び④保全条例の適用区域内において，建築施設を許可なく取り壊すなどの行為（4項）をそれぞれ秩序違反行為の構成要件とし，①及び②については500ユーロまでの過料に，③については1万ユーロまでの過料に，④については2万5000ユーロまでの過料にそれぞれ処することができるとしている。

これらの秩序違反行為規定を，わが国の都市計画法の罰則と比較してみると，両者の差異として，大きく次の点があげられる。第一に，ドイツの建設法典はわが国都市計画法に比べ構成要件の数が非常に少ないことである。すなわち，建設法典の秩序違反構成要件数は5件のみであり，わが国都市計画法第7章罰則の89条から97条までの10条において，項及び号単位で数えた場合の

---

70 西津（2006）93-94頁，110頁参照。

17件の刑事罰構成要件と4件の秩序罰構成要件約1/4となっている。この点は，ドイツの建設法典が，わが国の都市計画法のほか土地収用法や都市再開発法に相当する部分をも構成要素として含むものであるため，条文数が247条に上り，わが国都市計画法が97条であるのと比較して，約2.5倍の法律規模を有することを考慮すると構成要件数の少なさは顕著であるといえよう。第二に，過料の上限額[71]については，ドイツの建設法典のそれが25,000ユーロ（1ユーロ＝110円で換算した場合，約275万円）とわが国都市計画法の罰則が規定する過料の上限額50万円の約5.5倍となっていることである。

(3) 州建築法上の秩序違反規定

州建築法に対する各種の違反行為のうち法的制裁を科されるべきものは，すべて秩序違反行為とされ，その構成要件は同法上の秩序違反行為を規定する，"Ordnungswidrigkeiten" 又は "Bußgeldvorschriften" という見出しの条に列挙されている。

連邦の秩序違反法17条1項にいう法律の別段の定めの一例として，ドイツの各州の建築法（Bauordnung）における過料の上限額の定めがあるが，その規定内容は，次の表1のとおりである（2011年9月1日現在）。前述のように，秩序違反法17条4項の規定により，秩序違反行為による経済的利益額が法定額を超過するときはその額によることとされているので，理論的には経済的利益額に応じて無制限に高額になりうるが，わが国の建築基準法98条の罰則が定める過料の上限額は30万円であるので，各州建

---

[71] ちなみに，連邦個別法上の「強制金」の上限額が高額に設定されている立法例として，エネルギー経済法及び競争制限禁止法の1000万ユーロ（約11億円）がある：Zweites Gesetz zur Neuregelung des Energiewirtschaftsrechts §94, Gesetz gegen Wettbewerbeschränkungen §86a, §114.

築法上の過料の法定上限額は，約7.3～183倍（1ユーロ＝110円で換算）の高額に設定されている。

表5

法定上限額	州　名　等
50万ユーロ	バイエルン州，ベルリン州，ブランデンブルク州，ブレーメン州，ヘッセン州，メクレンブルク・フォアポンメルン州，ニーダーザクセン州，ザクセン州，ザクセン・アンハルト州，シュレスヴィヒ・ホルスタイン州，チューリンゲン州（11州）
25万ユーロ	ノルトライン・ヴェストファーレン州，ザールラント州（2州）
10万ユーロ	バーデン・ヴュルテンベルク州，ハンブルク州（2州）
2万ユーロ	ラインラント・プファルツ州（1州）
1000ユーロ	連邦の秩序違反法。但し，別に法律の定めがある場合はその額による。また，秩序違反行為により得た経済的利益額がこれを超過する場合はその額を下限とすることができる。

(4) 建築法上の秩序違反行為に対する過料の適用状況

筆者が2002年に実施した強制金制度に関する現地調査及びその後に実施した関係部局に対する文書照会によれば，今回調査の対象としたドイツの主要都市における州建築法上の秩序違反行為に対する過料の最近の適用状況は，それぞれ次のとおりである。

(a) マクデブルク市

ザクセン・アンハルト州の州都マクデブルク市[72]においては，州建築法上の秩序違反行為に対して，2001年には35件の過料裁定が下されているが，2002年と2003年には，それぞれ9件のみの実績となっている。この大幅な減少の理由については，市の実務統括責任者の評価として，建築工事が全般的に減少していることや過料手続の負担のため軽微な秩序違反には従前に比して過料が科されない傾向となっていることが挙げられている。これらの

72　2002年3月現在の人口約23万人。

事案のうち過料額が比較的高額なものを中心に約40％は当事者から異議申立てがなされ，手続が区裁判所に委ねられるが，この裁判所の手続では原裁定による過料額が大幅に減額されたり，さらには手続が中止されてしまうこともしばしばある。

(b) ミュンヘン市

バイエルン州の州都ミュンヘン市[73]においては，州建築法上の秩序違反行為に対して，2001年に292件の過料裁定の発出実績がある。

(c) ベルリン市シャルロッテンブルク・ヴィルマースドルフ行政区

ベルリン市シャルロッテンブルク・ヴィルマースドルフ行政区[74]においては，州建築法上の秩序違反行為に対する過料裁定は，過去3年間の平均で年間20～25件下されている。このうち，約2/3については当事者の異議申立てにより，管轄の区裁判所による裁判がなされている。残りの約1/3については異議申立てはなされず，行政機関による過料裁定によって決着している。

(d) ハノーバー市

ニーダーザクセン州の州都ハノーバー市[75]においては，建築法上の秩序違反行為に対する過料裁定は，2001年から2003年までの3年間に63件，年間平均で21件下されている。また，強制拘留（Erzwingungshaft）の申立ては，同市の実務統括責任者が承知している限りで過去に1度だけなされたが，過料が支払われたため取り下げられた。

---

[73] 2003年1月現在の人口約126万人。

[74] 2002年12月現在の人口約32万人。ベルリン市全体（約340万人）の約9.4％。

[75] 2002年1月現在の人口約52万人。

(5) 過料算定基準としての過料カタログ

過料の算定根拠については，秩序違反法17条3項に，①秩序違反行為の重要性，②行為者に向けられるべき非難の程度及び③（軽微な秩序違反では考慮されないが）行為者の経済的事情が掲げられている。

具体的な過料の算定基準として，ドイツでは過料カタログ（Bußgeldkatalog）が作成されている。過料カタログには，例えば，道路交通法26a条に基づいて定められた過料カタログ令（Bußgeldkatalogverordnung）のような法律の授権に基づく法規命令（Rechtssatz）としてのそれと行政機関の内部準則としてのそれがある。前者は，法規の性格を有し，それゆえに裁判所を拘束する。これに対して，後者は，行政機関の内部的指針にとどまる。

過料カタログは，頻繁に発生する秩序違反行為に対して類型化の必要性が大きい一般的な過料の額の算定作業において，多数の行政担当者の判断のぶれを少なくし，平等な取り扱いを確保することをねらいとするものである[76]。このような過料カタログは，行政機関による比例原則に適合した過料額の算定を確保する上で重要な意義を有すると思われる。

わが国に秩序違反法制度を本格的に導入する際には，各行政分野でこのような過料算定基準を設ける必要があると思われ，ドイツの過料カタログは大いに参考になると考える。

5 比例原則からみた行政刑罰制度の日独比較評価

比例原則は立法者をも拘束する憲法原則であり，現行の行政実定法，特に，行政規制法における行政刑罰規定（罰則）のあり方

---

[76] Göhler（2009）§17 Rdnr.27

が同原則との関係において問題となる。

　前述のように,わが国の現行の行政刑罰法制については,刑法学の立場から有力な批判がなされている。この立場の代表的論者である井戸田（1968）は,わが国においては極めて多数の行政法規の罰則で本来刑罰を科すべきでない行為にまで刑罰が科されることとされ,行政刑罰規定がいわば濫用されて過剰な状況となっており,これはむしろ刑罰の機能を減殺するものであるとしている[77]。また,いかに軽微な行政犯罪であっても,それが犯罪である以上,形式上,刑事訴訟法による強制捜査の根拠となるため,別件逮捕や予防検束的逮捕の対象となることは避けられないことから,刑罰法規の過剰は国家権力の濫用の可能性と結びつくとも指摘される[78]。

　筆者は,むしろ,現行行政刑罰法制の問題は,今日政策評価手続として求められる事前及び事後の政策効果の予測及び評価とそのフィードバックという plan-do-see のアプローチによらない単純な先例踏襲的立法方針により,行政法上の義務違反に対する法的制裁を刑事罰に過度に依存することにより,前述のように,かえってその機動的・効果的な発動が困難となり,そのために刑事罰の実際上の威嚇力の低下を招き,いわゆる機能不全状態を来していることにあるのではないかと考えている。

　ここで,現行の極めて広汎な内容にわたる構成要件を対象とする行政刑罰制度を前述した比例原則に照らして評価すると,次のような問題がある。まず,比例原則の部分原則としての適合性の原則によれば当該手段による抽象的な目的達成可能性が認められることが必要である。これについては,刑事罰は最も重い制裁で

---

[77] 同旨：Schmidt（1957）S. 362 ff., 田中（1948a）635-636頁。
[78] 同旨：阿部（1997）454頁以下,市橋（1996）234-235頁。

あることから、現実的には前述の機能不全のため、実際上の威嚇効果は少ないと評価しうるとしても、抽象的には相当程度の威嚇力ないし違反抑止力を認めることができよう。しかしながら、必要性の原則に照らしてみると、懲役刑が定められている少数の構成要件以外の多数の罰金に係る構成要件については、これらの行政上の義務の不履行や命令の不遵守の抑止という目的は、刑事罰としての罰金によらなくとも同様の財産的損失による違反抑止的効果を有する代替的制裁手段としての過料によって、刑罰を受けた前科として後々まで残る重大な不名誉を被ることなく、したがって当事者の基本権をより少なく侵害するかたちで十分に達成できると認められることから、この必要性の原則を充たしていないと評価しうる。すなわち、罰金刑を中心として行政犯を過度に広汎に設定し、本来刑罰を科すべきでない違法行為に対して刑罰を科することとする立法及びこれに基づく刑罰の適用処分は、憲法原則としての比例原則、特に、必要性の原則に反し、憲法違反となるおそれがある[79]と考える。

以上の行政刑罰制度の日独比較について概括的に整理をすれば、表7のとおりである。すなわち、社会倫理上の真に非難すべき重大な違法行為については、日独ともに犯罪と位置づけ、これらに対してはそれぞれ刑法及び刑法典（Strafgesetzbuch）を主要な法源として、刑事訴訟を経て裁判所により法的制裁としての刑罰が科せられる（同表第1行）。

これに対し、多数の行政規制法に定められる行為規制に反する行為や行政行為としての命令に対する違反行為に対しては、わが

---

[79] 川出敏裕（宇賀ほか（2003）91頁）は、刑罰に値しない行為に刑罰を科せば、実体的デュー・プロセスの理論によって、憲法31条違反になるとする。私見のように現行行政刑罰制度の立法のあり方を明確に比例原則違反として批判する見解は、管見の限り見当たらない。

国では過料の科せられる軽微な違反を除き,ほとんど行政犯,すなわち上掲行為と同じ犯罪と位置づけ,同様に制裁として刑罰が科せられる。このあり方は,第二次大戦後間もない時期に確立された行政刑罰による「罰則中心主義」によるものであるが,それは「古代そのままの考え方」という見方もあり(長野(1980) 98頁),前述のとおり過料で代替しうるものについては,比例原則抵触のおそれがある。また,このように極めて多分野にわたる多数の行政規制法上の違反行為に対する制裁手段として,ことごとく行政刑罰を多用するあり方自体が,前述のとおり,刑罰の謙抑的な適用の実態,司法警察・検察機関や裁判所の事案処理能力の限界などから,その機能不全の一因ともなっている(同表第3行第1,2列)。

しかしながら,ドイツほかの欧州諸国においては,これらの行為は秩序違反行為としての格別の法的位置づけがなされ,これに対する制裁としては刑罰ではなく,秩序違反法に基づき,第一次的に行政機関によって行政上の秩序罰としての過料(Geldbuße)

行為類型	行為の法的性格	制裁(日本)	行為類型
社会倫理上真に非難すべき違法行為	犯罪	刑罰	刑罰
各種行政規制法に基づく行為規制や措置命令に対する違反行為	日)殆ど行政犯＝犯罪 独ほか)秩序違反行為	(行政)刑罰	秩序罰としての過料ないし強制拘留
《評価》 ＊長野＝長野実『西ドイツ秩序違反法』(国会図書館調査立法考査局)	日)古代そのままの考え方(長野),比例原則に抵触のおそれ(西津) 独ほか)一歩進んだもの(長野)	行政刑罰の機能不全の一因(長野,西津)	合理的又は実効的な行政上の義務履行確保の実現方策(長野,西津)

表7 行政犯の非犯罪化(秩序違反行為化)

ないし強制拘留（Erzwingungshaft）が課せられる。このような行政制裁制度は，わが国の刑罰による制裁を中心とするそれに比較して，手続の簡易・迅速化，費用の低減化及び裁判所の負担過重の軽減を図るものとして「一歩進んだもの」と評価され（長野（1980）98-100頁），私見としても，より実効的な行政上の義務履行確保手段となりうるものと考える（同表第3行第1，3列）。

6 結語——仮説実証のまとめと立法政策への提言

6-1 仮説実証のまとめ

4-3でみたように，ドイツでは各州建築法に定める秩序違反行為に対する制裁としての過料の上限額はわが国の建築基準法の罰金よりもはるかに高額に設定され，また，秩序違反法においては過料による違反行為による経済的利益の剥奪も制度化されている。この建築法上の秩序違反行為に対する過料は，建築監督行政機関によって，わが国の建築基準法の罰則に定める行政刑罰よりもはるかに多数適用されており，司法警察機関の執行による行政刑罰制度が機能不全に陥っているとされるわが国の制度運用実態と比較して，極めて対蹠的である。すなわち，同国においては，秩序違反法制度に基づく行政的制裁としての過料が，第一次的には行政規制に最も精通し，その執行を担当する行政機関によって[80]行政執行法に基づく強制金などの行政強制手段と連携して賦課決定され，非常に機動的かつ効果的な行政法規違反抑止のための行政

---

80 磯崎（1971）351-352頁は，過料を科すことの是非やその程度を判断する最も適当な機関は，その義務を課した行政庁又はその義務履行確保の責任のある行政庁であるとする。ほかに，霧島（1968）123頁は，公簿の記載事項についての申請行為の過怠に対する過料の賦課は公簿主管官庁の権限とし，裁判所はその事後審査にあたるのが合理的とする。

上の義務履行確保手段となっていると評価できる。また，この秩序違反法に基づく過料手続は，前述のように，行政機関による過料裁定に対する異議申立てにより公開対審の上訴裁判が受けられることとされており，救済手続面でも憲法32条の裁判を受ける権利は十分保障されていると認められる。

本章主題の秩序違反法制度をわが国に導入することによって，冒頭に問題指摘した行政刑罰の機能不全問題を改善し，各種の行政上の義務の履行をさらに実効的に確保することができるという本章の仮説は，これによって相当程度実証しえたものと考える。

6-2 今後の立法政策に向けた提言

新たな秩序違反法制度の立法とこれに伴う多数の個別法上の罰則規定の改正，さらに行政機関における運用体制の構築は全省庁横断的な政策課題となるが，先行例であるドイツほかの同制度導入済みの諸国における対応を横断的に調査することが有益である。

この点，違反者の身柄の拘束や実力行使を伴う臨検，差押え等の強制処分権限を有する公務員（税関管理，収税官吏，入国警備官等）は，現在極めて限定的にしか存在しておらず，多数の一般公務員は，このような実力行使の職務に関する知識も技能も持ち合わせていないことから，広く強制措置を行う権限を一般公務員に付与することになる行政処罰法の制定は，現状では時期尚早であるとする見解[81]がある。

確かに，新たな秩序違反法制度の人的基盤を構成する公務員の要請確保や彼らに対する一般国民の信頼醸成は，制度の円滑な運用のための重要な前提条件であることは否定し得ない[82]。しかし

---

81 市橋 (1966) 243頁。
82 長野 (1980) 100頁。

ながら，いうまでもなく制度運用体制の整備は制度改革に伴って実施されるべきものであり，現状からすれば相当に大規模な運用体制の拡充が必要となるものと想定されるが，それはあくまで法制度改革に伴って実現すべきものであって，その前提とされるべきものではないと考える。筆者は，新たな秩序違反法制度の運用にあたる行政機関の人的基盤の拡充については，司法制度改革の重要な一環としての法科大学院による専門的人材供給や中央及び地方での行政機関と司法警察機関との人事交流の拡大などによって十分に可能であると考える。この面でも，既に行政犯の秩序違反行為化による法制度及び運用体制の大転換を果たして久しいドイツなどの先進国の経験に学ぶことが必要であろう。

筆者は，主題の秩序違反法制度をわが国へ本格的に導入することについての多面的な事前の評価が，今後の重要な課題であると考える。これについては，特定の規制行政分野に限定した，あるいは構造改革特別区域における適用地域を限定した主題の制度の試行[83]により，これを導入することにより得られる政策効果，すなわち，当事者の権利利益保護の向上や行政上の義務履行確保のさらなる実効化を通じた各種の法益実現による便益，現行制度の改革と新制度の運用体制の構築のための初期費用や付加的な新制度の継続的運用費用等に係るデータを収集し，行政評価法施行令の改正により2007年10月から各行政機関に法律又は政令によって規制の新設・改廃を行おうとする際に義務づけられることと

---

[83] 最も簡便な過料制度の改善方策としての地方自治法の特例による条例上の過料の上限引き上げを，屋外広告物規制に係る構造改革特区において「間接行政強制制度」の導入と併せて連携的に試行する提案について，本書付論 (187-188頁) を参照。また，本書第1章23頁，第3章102-103頁，第4章148頁においても，新たな行政強制手段の「試行的導入」について同様の提案を行っている。

なった規制影響分析[84]を行った上で,対象行政分野の拡大や全国レベルでの本格的な導入へと展開することを提案したい。

現行の行政刑罰制度のあり方及び現行の過料手続が,それぞれ比例原則や憲法32条等との関係で大きな問題を抱えているという現状を踏まえれば,主題の秩序違反法制度の導入により現行の行政刑罰制度や過料制度の改革を積極的に進めることは,不可避の憲法的要請であるとともに可及的早期に実現されるべき行政法制度改革の重要課題であると考える。

---

[84] 行政府が規制を導入しようとする際に,事前に,その規制を導入する「必要性」や「代替案」,導入及び実施に要する費用と期待される「便益」などを分析して,立法者や利害関係者,国民等に提示して対話することで,規制導入に向けた「共通の理解」を得るための分析手法をいう(荒川潤(2001)「規制インパクト分析」SRIC report Vol.7 No.1 p.42)。規制影響分析の具体的手法やその最新の国際的動向については,山本ほか(2009)が詳細である。

付論　景観形成パイオニア特区（仮称）の創設提案

　わが国の各種の行政規制に対する違反状態の強制的是正手段は，第二次大戦後の占領下における拙速ともいえる関連法制度の改廃の過程で，現代的要請に対応し得ない古色蒼然とした極めて不十分なかたちで放置され，60年余の歳月が経過している。すなわち，違反の抑止・是正のための法的手段は，専ら規制の根拠となる法律・条例の罰則に定められる罰金などの行政刑罰や唯一の一般的行政強制手段である行政代執行によることとされている。しかしながら，今日これらの制度はいずれも「機能不全」に陥っていると指摘されている。このため，例えばわが国の観光振興政策の一環としての景観改善の取り組みにおいても，各地の主要な観光経路となっている幹線道路の沿道などで，貴重な観光資源である自然景観を阻害する違反屋外広告物が広範に存在し，海外などからの入込観光客のイメージダウンをもたらしていることが懸念される。

　拙著『間接行政強制制度の研究』（西津（2006））では，このような閉塞的状況を打開するため，次の立法政策提案を行っている。すなわち，第一に，間接行政強制制度（行政機関の発出する違反是正命令に従わない場合は，戒告に定める一定額の金銭を強制的に徴収することを予告して，命令の履行を強制するもの）をわが国に再導入する。併せて，規制所管行政庁自身が科す過料の活用範囲を大幅に拡大し，違反行為に対する機動的かつ実効的な行政上の制裁を実現することである。

　この新制度の導入は，構造改革特区制度を活用して，個別の規制分野で地域限定的かつ試行的に行い，その実際上の違反是正効

果を検証した上で，全国的に適用しうるものとする段階的なアプローチを採用することが現実的である。

　そこで，私は次の具体的提案を行いたい。すなわち，景観規制，特に屋外広告物規制に焦点を当てその実効性の向上を図るため，新たな構造改革特別区域として「景観形成パイオニア特区（仮称）」の創設を国に提案する。重点的に良好な景観形成を図るべき地区として新たに指定する当該特区においては，都道府県・市の屋外広告物条例などで間接行政強制制度を規制の特例として新設する。さらに，過料の上限額の特例を設けることによって，同条例の罰則に定められている罰金を過料へ大幅に転換する。加えて，県市町村協働の広域的な規制執行体制，特に間接強制金や過料の強制徴収体制の重点的拡充を行う。この整備拡充された執行体制の下で，先導的かつ試行的に上記の新制度を積極的に適用し，その実効性，すなわち自主的な違反是正の達成率などを検証する。

　この試みは新たな行政強制システムの導入に関する本邦初の実験的な法制度改革であり，他の規制行政分野への応用的展開も視野に入れた文字通りパイオニア的な意義を有するものである。意欲ある地方公共団体及び国の果断な取り組みを期待したい。

結びに代えて

　わが国の各種行政規制法に共通する重大な欠缺があることを筆者に着目させたのは，旧建設省（現国土交通省）において，屋外広告物法制度の見直しを検討する有識者委員会の事務とりまとめを担当した1998年に遡る。

　この屋外広告物基本問題検討委員会において，座長をお願いした長岡造形大学の豊口協学長，東京都立大学の兼子仁教授，横浜国立大学の西谷剛教授（ご所属はいずれも当時のもの）のご指導をいただきながら，独仏の行政規制に係る行政強制制度について，海外現地調査を含めミクロ比較法的研究調査を行い，委員会での約1年間にわたる多角的な審議を経て，委員会報告書として「屋外広告物基本問題検討委員会報告書：美しい日本の広告物のために」をとりまとめた。その後，同報告書に盛られた提言内容は，2004年の景観法の制定に伴う屋外広告物法の大改正により，唯一間接強制制度の導入の点を除き，ほぼすべて実現された。

　この後，筆者は国土交通省のシンクタンクの一つとしての施設等機関である国土交通政策研究所に異動し，同研究所の調査研究テーマとして，前述の屋外広告物法改正で結果的に積み残しとなった「間接行政強制制度」を取り上げ，中央大学大学院法学研究科博士前後期課程に社会人大学院生として入学し，石川敏行教授の懇切なご指導を仰ぎつつ，両組織の資源を活用できる幸運を得て，2005年に博士論文として，「行政規制の実効性確保のための間接行政強制制度及び秩序違反法制度に関する比較研究」を提出して学位を取得し，これを加筆して2006年に『間接行政強制制度の研究』として上梓することができ，筆者が国家公務員から大学の研究者に転ずる最も重要な契機となった。

本書の主題とした「行政規制執行改革論」は，上掲の間接行政強制研究も含めて筆者が十数年来取り組んできたライフワーク的テーマであり，今般前掲拙著に後続する一連の最新研究成果のとりまとめとして，本書を上梓しえたことは真に幸甚である。ここに，上掲の前著を経て本書につながる上掲の各先生方の懇切なご指導ご助言，また情報公開請求等を通じて本研究に関連する各種情報の提供についてご協力いただいた国土交通省及び最高裁判所事務総局の関係各位さらには信山社出版のご支援に対し衷心より感謝申し上げる次第である。

　既に本書各章において論じてきたように，本書上梓の意図は，単に主題に関する学術的な興味関心に応えようとするのみではなく，むしろ主眼は，行政代執行法をはじめとする行政強制一般法や個別行政規制法の一日も早い改正による立法上の行政強制消極主義の解消と，国・地方の行政規制執行体制の整備拡充による行政上の行政強制消極主義の払拭の実現を関係方面に強く提唱することにある。この意図が国及び地方公共団体の関係各位の広範なご理解を得て，本書及び前著『間接行政強制制度の研究』の提案が可及的速やかに実現に向かうことを念願しつつ，筆を措くこととしたい。

引用・参考文献

欧文文献

App, Michael/ Wettlaufer, Arno (2005) *Verwaltungsvollstreckungsrecht*, 4., neu bearbeitete Aufl., Carl Heymanns Verlag.

Bastress, R. (1974) "The Less Restrictive Alternative in Constitutional Adjudication: An Analysis, A Justification, and Some Criteria", in 27 Vanderbilt Law Review 971

Battis, Urlich/ Krauzberger, Michael/ Löhr, Rolf-Peter (2002) *Baugesetzbuch*, C.H.Beck.

Dreier, Horst (1998) *Grundgesetz*, MohrSiebeck.

Emiliou, Nicholas (1995) *The Principle of Proportionality in European Law*, KluwerLaw.

Engelhardt, Hanns/ App, Michael/ Schlatmann, Arne (2011) *Verwaltungs-Vollstreckungsgesetz Verwaltungszustellungsgesetz*, 9. Aufl., Verlag C. H. Beck.

Erdmann, Joachim (1987) *Die Kostentragung bei Maßnahmen des unmittelbaren Zwangs*, Carl Heymanns.

Erichsen, Hans-Uwe/ Rauschenberg, Dirk (1998) "Verwaltungsvollstreckung", *Jura* 1988, S. 31ff.

Finkelnburg, Klaus/ Ortloff, Karsten-Michael (2005) *Öffentliches Baurecht*, 5. Aufl., C.H.Beck.

Göhler, Erich/ Gürtler, Franz/ Seitz, Helmut (2009) *Gesetz über Ordnungswidrigkeiten*, 15. Aufl., C.H.Beck.

Goldschmidt, James (1902) Das *Verwaltungsstrafrecht*, Carl Heymann/ SCIENTIA

Gravitz, Eberhard (1973) "Der Grundsatz der Verhältnismäßigkeit in der Rechtsprechung des Bundesverfassungsgerichts", *Archiv des öffentlichen Rechts*, Bd.98, S.569 ff.

Hirschberg, Lothar (1981) *Der Grundsatz der Verhältnismäßigkeit*, Verlag Otto Schwartz & Co.

Honig, Gerhart (1999) *Handwerksordnung: mit Lehrlingvertragsrecht des Berufsbildungsgesetzes*, 2. Auflage, C.H.Beck.

Hoppe, Werner/ Bönker, Christian/ Grotefels, Susan (2004) *Öffentliches Baurecht*, 3. Aufl. C.H.Beck.

Jäde, Henning (2001) *Bauaufsichtliche Maßnahmen*, 2. Auflage, Richard Boorberg.

Jakobs, Michael (1985) "Der Grundsatz der Verhältnismäßigkeit", *Deutsches Ver-*

waltungsblatt, S.97ff.

Jarass, Hans/ Pieroth, Bodo (2002) *Grundgesetz für die Bundesrepublik Deutschland*, 6. Aufl., C.H.Beck

Lemke, Hanno-Dirk (1997) *Verwaltungsvollstreckungsrecht des Bundes und der Länder*, Nomos Verlagsgesellschaft.

Lerche,Peter (1961) *Übermaß und Verfassungsrecht*, 2. Aufl., Carl Heymanns Verlag KG.

Mangoldt, Hermann/ Klein, Friedrich (2000) *Das Bonner Grundgesetz*, Bd.2, Verlag Franz Vahlen.

Manssen, Gerrit (2002) *Staatsrecht II: Grundrechte*, 2.Aufl, C.H.Beck.

Maunz, Tehodor/ Dürig, Günter (2000) *Grundgesetz, Kommentar*, Bd. II, Verlag C.H.Beck.

Menger, Christian- Friedrich (1977) "Die Fälligkeit des Anspruches auf Erstattung der Ersatzvornahmekosten" *Verwaltungsarchiv* 68, S.83 ff.

Michael, Lothar (2001) "Die drei Argumentationsstrukturen des Grundsatzes der Verhältnismäßigkeit", *Juristische Schulung*, 2001 Heft 2, S.148 ff.

Münder, Johannes/ Meysen, Tohmas/ Trenczek, Tohmas [Hrsg.] (2009) Frankfurter *Kommentar zum SGB VIII: Kinder- und Jugendhilfe*, 6. Aufl., Nomos.

Nikles, Bruno W./ Roll, Sigmar/ Spürck, Dieter/ Umbach, Klaus (2005) *Jugendschutzrecht*, 2., überarb. und erw. Aufl. Luchterhand.

Pache, Eckhard (1999) "Der Grundsatz der Verhältnismäßigkeit in der Rechtsprechung der Gerichte der Europäischen Gemeinschaften", *Neue Zeitschrift für Verwaltungsrecht* 1999, S.1033 ff.

Ress, Georg (1985) "Der Grundsatz der Verhältnismäßigkeit im deutschen Recht", *Der Grundsatz der Verhältnismäßigkeit in europäischen Rechtsordnungen*, C.F.Müller Juristischer Verlag, S.5ff.

Sachs, Michael(Hg.) (2003) *Grundgesetz, Kommentar*, 3.Aufl., C.H.Beck.

Sadler, Gerhard (2011) *Verwaltungs-Vollstreckungsgesetz Verwaltungszustellungsgesetz, Kommentar anhand der Rechtsprechung*, 8. Aufl., C. F. Müller.

Schmidt, Eberhard (1957) "Kriminalpolitische und strafrechtsdogmatische Probleme in der Deutschen Strafrechtsreform", *Zeitschrift für die gesamte Strafwissenschaft* 1957, S.359 ff.

Schmidt, Eberhart (1950) *Das neue Westdeutsche Wirtschaftsstrafrecht*, J.C.B.Mohr.

Scholz, Rainer/ Liesching, Marc (2004) *Jugendschutz*, 4. Überartbeitete Aufl., C. H.Beck.

Späth, Karl (1998) "Konzeption und Praxis der Inobhutnahme nach §42 KJHG",

Zentralblatt für Jugendrecht 1998, S.303-308.

Stern, Klaus (1994) *Das Staatsrecht der Bundesrepublik Deutschland*, Band III/2, Verlag C.H.Beck.

Teitgen, Francis (1985) "Le principe de proportionnalité en Droit Français", *Der Grundsatz der Verhältnismäßigkeit in europäischen Rechtsordnungen*, C.F.Müller, S.53 ff.

Wilke, Dieter/ Dageförde, Hans-Jürgen/ Knuth, Andreas/ Meyer, Thomas/ Broy-Bülow, Cornelia (2008) *Bauordnung für Berlin: Kommentar mit Rechtsverordnungen und Ausführugsvorschriften*, 6. Auf., Vieweg+Teubner.

邦文文献

青柳幸一（1985）「基本権の侵害と比例原則」芦部信喜先生還暦記念『憲法訴訟と人権の理論』（有斐閣）599-630頁

阿部泰隆（1997）『行政の法システム(下)』（有斐閣，新版）

有松　昇ほか（1937）『行政執行法詳論』（良書普及会）

磯崎辰五郎（1971）「非訟事件手続法により科する過料について」（龍谷法学）3巻3・4号64-97頁

板倉　宏（1968）「非当罰的不問行為の概念」佐伯千仭博士還暦祝賀『犯罪と刑罰(上)』（有斐閣）101-103頁

井戸田　侃（1968）「行政法規違反と犯罪――行政刑法序説」佐伯千仭博士還暦祝賀『犯罪と刑罰(上)』（有斐閣）153-168頁

市橋克哉（1996）「行政罰――行政刑罰，通告処分，過料」公法研究58号233-245頁

市橋克哉（1993）「日本の行政処罰法制」名古屋大学法政論集149号109-128頁

市村光恵（1915）『行政法原理』（東京宝文館，訂正5版）

今村成和ほか（2002）『行政法入門』（有斐閣，第6次再補訂版）

今村暢好（2007）「行政刑法の課題と秩序違反法」法学研究論集27号37-57頁

宇賀克也（2011）『行政法概説Ⅰ――行政法概論』（有斐閣，第4版）

宇賀克也（2006）「行政上の義務履行確保の課題と対策」自治体法務研究6号70-74頁

宇賀克也ほか編(2003)『対話で学ぶ行政法――行政法と隣接法分野との対話』（有斐閣）

右崎正博（1987）「『より制限的でない他の選びうる手段』の基準」芦部信喜編『講座憲法訴訟　第2巻』（有斐閣）197-241頁

大橋洋一（2004）『行政法——現代行政過程論』（有斐閣，第 2 版）
大浜啓吉（2006）『行政法総論』（岩波書店，新版）
岡崎泰治郎・大山亘（2006）「行政上の義務履行確保等の事例——【事例②】行政代執行——岡山市の実例」自治体法務研究 7 号 59-66 頁
岡村堯（2001）『ヨーロッパ法』（三省堂）
岡山市行政代執行研究会編著（2002）『行政代執行の実務——岡山市違法建築物除却事例から学ぶ』（ぎょうせい）
雄川一郎ほか（1977）『行政強制——行政権の実力行使の法理と実態』ジュリスト増刊
小原清信（1985）「フランス行政法における比例原則——懲戒処分の重大性の統制に関連して」九大法学 51 号 1-26 頁
加々美武夫ほか（1924）『行政執行法論』（良書普及会）
河川法研究会編著（2006）『逐条解説　河川法解説』（大成出版社，改訂版）
川上宏二郎（1980）「行政法における比例原則」成田頼明編『行政法の争点』24-25 頁
北村和生ほか（2006）『行政法の基本』（法律文化社，第 3 版）
北村喜宣（2003）『自治体環境行政法』（第一法規，第 3 版）
北村喜宣（1999）「行政刑法調査ノート」『行政の変容と公法の展望』（行政の変容と公法の展望刊行会）157-164 頁
北村喜宣（1998）「行政法学的規制執行過程研究と法社会学」日本法社会学会編『法社会学の新地平』（有斐閣）135-145 頁
北村喜宣（1997）『行政執行過程と自治体』（日本評論社）
霧島浩一（1968）「最高裁判所民事判例研究」法学協会雑誌 85 巻 1 号 109-124 頁
黒川哲志（2008）「行政強制・実力行使」『行政法の新構想Ⅱ』（有斐閣）113-129 頁
原子力災害対策本部（2011）「原子力安全に関する IAEA 閣僚会議に対する日本国政府の報告書——東京電力福島原子力発電所の事故について」http://www.kantei.go.jp/jp/topics/2011/iaea_houkokusho.html（2011 年 8 月）。
小出裕章（2011）『原発はいらない』（幻冬舎ルネッサンス新書 044）
小林博志（2004）『行政法講義』（成文堂）
小山剛（2009）『「憲法上の権利」の作法』（尚学社）
小山剛（2008）「基本権保護義務論」大石眞・石川健治編『憲法の争点』（有斐閣）86-87 頁
小山剛（2004）『基本権の内容形成——立法による憲法価値の実現』（尚学

社)

小山　剛（1998）『基本権保護の法理』（成文堂）

佐伯千仭（1974）「可罰的違法序説」『刑法における違法性の理論』（有斐閣）1-26 頁

櫻井敬子（2006）「転換期の行政強制」自治実務セミナー45 巻 4 号 11-14 頁

櫻井敬子ほか（2006）『現代行政法』（有斐閣，第 2 版）

佐藤　功（1953）「過料制度と憲法との関係」憲法解釈の諸問題（有斐閣）120-142 頁

佐藤幸治（1995）『憲法』（青林書院，第 3 版）

塩野　宏（2009）『行政法Ⅰ──行政法総論』（有斐閣，第 5 版）

塩野　宏（2006）『行政法Ⅲ──行政組織法』（有斐閣，第 3 版）

芝池義一（2006）『行政法総論講義』（有斐閣，第 4 版補訂版）

柴田憲司（2010）「憲法上の比例原則について(1)──ドイツにおけるその法的根拠・基礎づけをめぐる議論を中心に」法学新報 116 巻第 9・10 号 183-278 頁

杉村章三郎ほか編（1971）『精解行政法』（公文書院）

鈴木　潔（2006）「義務の履行確保と政策法務①行政代執行」地方自治職員研修 542 号 67-69 頁

鈴木庸夫（2008）「地方公共団体における義務履行確保に関する法律要綱私案覚書」千葉大学法学論集 23 巻 1 号 9-40 頁

須藤陽子（2010）『比例原則の現代的意義と機能』（法律文化社）

須藤陽子（2007a）「公衆衛生と安全」公法研究 69 号 156-167 頁

須藤陽子（2007b）「『即時強制』の系譜」立命館法学 314 号 983-1005 頁

須藤陽子（2007c）「直接強制に関する一考察」立命館法学 312 号 251-279 頁

須藤陽子（1991a）「行政法における『比例原則』の伝統的意義と機能(2)」東京都立大学法学会雑誌 32 巻 1 号 501-531 頁

須藤陽子（1990）「行政法における『比例原則』の伝統的意義と機能(1)」東京都立大学法学会雑誌 31 巻 2 号 327-374 頁

関　哲夫（2005）『要説行政法』（酒井書店，新訂版）

曽和俊文（2011）『行政法執行システムの法理論』（有斐閣）

大霞会編（1980）『内務省史　第 4 巻』（原書房）

高木　光（1993）「比例原則の実定化」樋口陽一ほか編『現代立憲主義の展開(下)』（有斐閣）209-234 頁

高田　敏（2009）『新版行政法──法治主義具体化法としての』（有斐閣）

田中二郎（1974）『新版行政法　上巻』（弘文堂，全訂第 2 版）

田中二郎（1965）『行政法講義(上)』（良書普及会）

田中二郎（1957）『行政法総論』（有斐閣）
田中二郎（1949）『行政法講義案 上巻第2分冊』（有斐閣）
田中二郎（1948a）「過料小論」国家学会雑誌62巻11号634-636頁
田中二郎（1948b）「新行政執行制度の概観(1)」警察研究19号8号3-14頁
田村泰俊編著（2011）『最新・ハイブリッド行政法』（八千代出版，改訂第2版）
田村悦一（1967）『自由裁量とその限界』（有斐閣）
戸波江二（2003）「人権論の現代的展開と保護義務論」『日独憲法学の創造力 上巻』（信山社出版）699-749頁
中川祐夫（1968）「行政刑法序説」佐伯千仭博士還暦祝賀『犯罪と刑罰(上)』（有斐閣）169-188頁
長尾一紘（1997）『日本国憲法』（世界思想社，第3版）
長野実（1980）「西ドイツ秩序違反法」（国立国会図書館調査立法考査局）
浪岡洋一（1971）「建築行政と都市計画──建築基準法の一部を改正する法律」時の法令739号1頁
成田一郎（1927）「行政執行法講話」『高等警察法講話』（松華堂）1-41頁
西津政信（2010a）「行政上の直接強制制度の立法論的日独比較研究」比較法研究71号216-235頁
西津政信（2010b）「日本国憲法は，行政強制消極主義を容認するか？」ジュリスト1404号63-71頁
西津政信（2009）「行政代執行制度の立法論的日独比較研究」東海法学42号208-160頁
西津政信（2008）「行政の緊急措置と比例的リスク管理」法社会学69号131-146頁
西津政信（2006）『間接行政強制制度の研究』（信山社）
㈶日本都市センター研究室（2006）『行政上の義務履行確保等に関する調査研究報告書』㈶日本都市センター
沼田照義（1932）『實務理論 行政執行法』（松華堂）
野中俊彦ほか（2001）『憲法Ⅰ』（有斐閣，第3版）
萩野聡（2004）「行政法における比例原則」芝池義一＝小早川光郎＝宇賀克也編『行政法の争点』（有斐閣，第3版）22-23頁
原田尚彦（2005）『行政法要論』（学陽書房，全訂第6版）
平川英子（2007）「行政強制制度における代執行の役割とその機能不全に関する一考察」『早稲田大学大学院法研論集123号323-351頁
平子隆之（2003）「行政代執行の執行──行政上の強制徴収の課題」生活と環境48巻3号96-98頁
広岡隆（1981）『行政代執行法』（有斐閣，新版）

広岡　隆（1967）「非訟事件手続法による過料の裁判の合憲性等」民商法雑誌 57 巻 1 号 147-160 頁
広岡　隆（1961）『行政上の強制執行の研究』（法律文化社）
藤井俊夫（1981）『憲法訴訟の基礎理論』（成文堂）
福井秀夫（1996）「行政代執行制度の課題」公法研究 58 号 206-219 頁
福田　平（1978）『行政刑法』（有斐閣，新版）
藤田宙靖（2003）『行政法』（青林書院，第 4 版）
フット，ダニエル（2006）『裁判と社会——司法の「常識」再考』（NTT 出版）
法曹閣書院（1908）『行政執行法要義』（巌松堂）
防災行政研究会編（2008）『逐条解説災害対策基本法』（ぎょうせい，第 2 次改訂版）
真島信英（2011）「行政罰たる過料による制裁のあり方をめぐる研究——刑事的視点から見た刑罰と過料の限界を中心として」亜細亜法学 45 巻 2 号 147-162 頁
美濃部達吉（1940）『日本行政法　上巻』（有斐閣）
宮崎文雄（2001）「不法投棄の負担は 1.8％!?——増える行政代執行と国民負担」INDUST 166 号 15-24 頁
宮崎良夫（1990）「行政法の実効性の確保」成田頼明ほか編『行政法の諸問題(上)』（有斐閣）203-247 頁
宮田三郎（1975）「行政上の比例原則」法学教室第 2 期 7 号 152-153 頁
三好規正（2008）「地方公共団体における法執行の実効性確保についての考察」山梨学院法学論集 61 号 205-248 頁
三好　充ほか編（2005）『テキストブック行政法』（法律文化社）
村上暦造（1981）「行政官庁による処罰に関する一考察——西ドイツにおける秩序違反と犯罪の区別をめぐる論議を中心として」海上保安大学校研究報告 1 部 27 巻 1 号 1-30 頁
柳瀬良幹（1964）「行政強制」『行政法講座　第 2 巻』（有斐閣）189-212 頁
山田洋一郎（1940）『行政執行法』（新光閣）
山本哲三ほか（2009）『規制影響分析（RIA）入門』（NTT 出版）
山谷成夫ほか（2006a）「行政上の義務履行確保等(下)」自治研究 82 巻 7 号 54-69 頁
山谷成夫ほか（2006b）「行政上の義務履行確保等(上)」自治研究 82 巻 6 号 57-72 頁
六本佳平（1991）「規制過程と法文化——排水規制に関する日英の実態研究を手掛りに」内藤謙ほか編『平野龍一先生古稀記念論文集　下巻』（有斐閣）25-53 頁

独法令名表記等略語一覧表

Abs.	Absatz
ASOG	Allgemeines Sicherheits- und Ordnungsgesetz
BauO Bln	Bauordnung für Berlin
BauO LSA	Bauordnung Sachsen- Anhalt
BauO NRW	Bauordnung für das Land Nordrhein- Westfalen
BauO Sarl	Bauordnung für das Saarland
BayBO	Bayerische Bauordnung
BayVwZVG	Bayerisches Verwaltungszustellungs- und Vollstreckungsgesetz
BbgBO	Brandenburgische Bauordnung
BbgVwVG	Verwaltungsvollstreckungsgesetz für das Land Brandenburg
BlnVwVfG	Gesetz über das Verfahren der Berliner Verwaltung
BremLBO	Bremische Landesbauordnung
BremVwVG	Gesetz über das Verfahren zur Erzwingung von Handlungen, Duldungen oder Unterlassungen (Bremisches Verwaltungsvollstreckungsgesetz)
BRS	Baurechtssammlung
BVerwG	Bundesverwaltungsgericht
ff.	Folgende Seiten
GewA	Gewerbearchiv
HbauO	Hamburgische Bauordnung
HBO	Hessische Bauordnung
HessVGH	Hessischer Verwaltungsgerichtshof
HessVwVG	Hessisches Verwaltungsvollstreckungsgesetz
HmbVwVG	Verwaltungsvollstreckungsgesetz [für Hamburg]
Hrsg.	Herausgeber
HwO	Handwerksordnung
JR	Juristische Rundschau
Jura	Juristische Ausbildung
LBauO MV	Landesbauordnung Mecklenburg- Vorpommern
LBauO RP	Landesbauordnung Rheinland- Pfalz
LBO BW	Landesbauordnung für Baden- Württemberg
LBO SH	Landesbauordnung für das Land Schleswig- Holstein

LVwG SH	Allgemeines Verwaltungsgesetz für das Land Schleswig-Holstein
LVwVG BW	Verwaltungsvollstreckungsgesetz für Baden-Württemberg
LVwVG RP	Landesverwaltungsvollstreckungsgesetz [für Rheinland-Pfalz]
NBauO	Niedersächsische Bauordnung
NdsGefAG	Niedersächsisches Gefahrenabwehrgesetz
NdsSOG	Niedersächsisches Gesetz über die öffentliche Sicherheit und Ordnung
NdsVwVG	Niedersächsisches Verwaltungsvollstreckungsgesetz
NJW	Neue Juristische Wochenschrift
NVwVG	Niedersächsisches Verwaltungsvollstreckungsgesetz
OVG	Oberverwaltungsgericht
OVGE	Entscheidungen des Oberverwaltungsgerichts
PrOVGE	Entscheidungen des Preußischen Oberverwaltungsgerichts
PrPVG	[Peußisches] Polizeiverwaltungsgesetz
Rdnr.	Randnummer
SächsBO	Sächsische Bauordnung
SächsVwVG	Verwaltungsvollstreckungsgesetz für den Freistaat Sachsen
SGB	Sozialgesetzbuch
SOG LSA	Gesetz über die öffentliche Sicherheit und Ordnung des Landes Sachsen-Anhalt
SOG MV	Gesetz über die öffentliche Sicherheit und Ordnung in Mecklenburg-Vorpommern
SVwVG	Saarländisches Verwaltungsvollstreckungsgesetz
ThürBO	Thüringer Bauordnung
ThürVwZVG	Thüringer Verwaltungszustellungs- und Vollstreckungsgesetz
U.	Urteil
VwVfG MV	Verwaltungsverfahrens-, Zustellungs- und Vollstreckungsgesetz des Landes Mecklenburg-Vorpommern
VwVG	Verwaltungs-Vollstreckungsgesetz [des Bundes]
VwVG LSA	Verwaltungsvollstreckungsgesetz des Landes Sachsen-Anhalt
VwVG NW	Verwaltungsvollstreckungsgesetz für das Land Nordrhein-Westfalen

事項索引

あ行

違警罪　170
違反通告制度　46
違法取得利益の剥奪　98, **174**〜
インフォーマル志向　4, **27**〜, 36〜, 42, 44, 46〜, 101
浦安鉄杭撤去事件　27, **33**〜
欧州共同体条約　164
欧州憲法条約　164

か行

戒　告　13〜, 41, 63〜, 82〜, 95〜, 135〜, 139, 141, 145, 174
過小(少)(保護)の禁止原則
　(Untermaßverbot)　17〜, 29, 39, 51, 93〜
過剰侵害の禁止原則
　(Übermaßverbot)　17〜, 52, 94
過料(Geldbuße)　171〜, 182
　——カタログ(Bußgeldkatalog)　28, **179**
　——カタログ令(Bußgeldkatalogverordnung)　179
　——裁定(Bußgeldbescheid)　172〜, 177〜, 184
　——小論　5〜
　——の裁判に対する異議申立て　157
　——の上限額　156, **174**〜, 183
環境法典　46
間接強制　2, 7, 11, 21〜, 41, 44, 65, 68〜, 91, 94, 132, 135, 140, 143〜, 148, 156
　——効果　**65**〜, 74, 80〜, 91, 94, 132, 135, 140, 143〜, 148, 156
間接行政強制制度　20, 22〜, 60〜, 97, 99, 103, 124, 152, 159, 185, 187
規制影響分析(RIA)　23, 186
規制受益者　2, 4, 16〜, 46, 94〜
基本権保護義務論　16〜
義務付け判決　2〜
　——と強制執行　2〜
旧河川法　6〜
　——53条の執行罰制度廃止　7
旧行政執行法　8, 12〜
　——上の代執行の適用実績　70
　——上の直接強制の適用実績　127
境界線上の利益衡量　**31**〜, 43
強制金　7, 9, 21〜, 41, 44〜, 62〜, 65, 67, 81, 89, 91, 94, 96, 101, 124, 133〜, 175, 183
強制拘留(Erzwingungshaft)　156, **173**, 178, 183
行政規制
　——の法的三極関係　2, 16〜
行政強制消極主義　1〜, 16〜, 21
行政刑罰
　——の機能不全問題　28〜, 39, 97, **154**〜, 159, 180, 184
行政検束　13〜, 128〜
行政代執行
　——の機能不全問題　28〜, 43, **58**〜, 75, 77〜
　——の事前手続の一本化　82〜,

95〜
　——の適用要件緩和　61, 71, 85,
　　88, **92**〜
　——法案の提案理由説明　5〜, 8
　——法の所管府省問題　71
　——費用の概算見積額明示　63〜,
　　83〜, 95〜
　——費用の事前徴収　**64**〜, 79〜,
　　90〜
行政的執行　19
行政の緊急措置　**26**〜, 32〜, 41〜,
　99, 148
行政犯の非犯罪化　171
緊急時避難準備区域　50
警戒区域　49, 146〜
計画的避難区域　50〜
警告金（Verwarnungsgeld）　172
経済刑法　171
建設法典　175〜
建築基準法　61, 71, 85〜, 93〜, 132,
　154, 176, 183
建築法　134〜, 176〜, 183
広域的共同執行体制　24, 46, 105
公課法（Abgabenordnung）　141
工事現場封鎖制度　102, 132〜,
　134〜, 145
構造改革特別区域　23, 102, 148,
　185, 187〜

さ　行

災害対策基本法　49, 146
執行罰　5〜, 22, 39, 45, 70〜, 125〜,
　132, 139
　——整理漏れ論　5, 6〜
　——の実効性欠如論　8〜
司法的執行　19〜

受忍義務　3, 44〜, 143
青少年局（Jugendamt）　138, 146
早期発見・早期是正　97, 101
即時強制　13〜, 38, 41〜, 59〜, 99,
　123, 129〜, 141〜
即時執行（sofortiger Vollzug）　21,
　98〜, **138**〜, 148
租税滞納整理組合　24, 105

た　行

退去命令（Platzverweisung od.
　Platzverweis）　137
代償強制拘留　45
代替的作為義務　3, 22, 26, 28, 43,
　45, 95, 110
宝塚市パチンコ店等建築規制条例事
　件　19
秩序違反
　——行為　98, 100, 138, 158〜, 171
　　〜, 182〜
　——法　23, 97, 100, 158〜, 171〜,
　　182
秩序罰　10, 22, 28, 100, 153, 176,
　182
直接強制（Unmittelbarer Zwang）
　153〜
　——による人権侵害　12〜, 124,
　　127〜
　——の苛酷さ　12, 129
　——の費用徴収　140〜
　——の濫用　12〜, 122, 124, 127〜
　保護的——　145〜
ドイツ青少年保護法　137, 145
　——社会法典　138, 145
　——手工業法　136
特定避難勧奨地点　50

は 行

バイエルン薬事法違憲判決　161
バイパス理論　20
非訟事件手続法　157
非代替的作為義務　2〜, 19, 44〜, 143
避難弱者　134, 146〜
比例的リスク管理　29, **32**, 41, 47
比例原則　14〜, 17〜, 22, 26, **29**〜, 39, 42〜, 51〜, 60, 62, 84〜, 89, 92〜, 100, 102, 123, 126, 147〜, **159**〜, 179〜, 186
　　——の狭義の比例性原則　30〜, 165, **167**
　　——の実定化　22, 45, **62**, 84〜, 94〜, 126, 148, 160, 164
　　——の適合性の原則　30, **165**〜, 180
　　——の必要性の原則　22, 30, 159〜, **166**〜, 181
封印 (Versiegelung)　41, 44, 132〜, **134**〜, 145
封印等破棄罪　132, 145
封印破棄罪 (Siegelbruch)　135
フォーマル志向　28
福島第一原発事故　48, 146

不作為義務　2〜, 19, 44〜, 132, 134, 143
プロイセン　125, 159〜
　　——一般ラント法　160, 170
　　——共通ラント内務行政法　125
　　——警察行政法　161
包括的所掌事務条項　22, 72
法治国家原理　66, 168
法務博士の採用　23, 46, 100
保護 (Inobhutnahme)　138

ま 行

民事執行法　21, 67〜, 142〜
　　——上の間接強制の拡充　68
　　——上の強制執行の申立て実績　68〜, 142〜
　　——上の代替執行費用の事前支払命令　67〜

や 行

予防検束　13, 128, 180
より制限的でない他の選びうる手段の基準（LRAの基準）　31, 168

ら 行

良識の準則 (règle de bon sens)　162

〈著者紹介〉

西 津 政 信（にしづ・まさのぶ）

1956年	福岡県行橋市生まれ
1980年	東京大学法学部第一類（私法コース）卒業
	旧建設省入省
1988年	（併任）人事院短期在外研究員（旧西ドイツ派遣）
1994年	（新潟県）長岡市第二助役
1998年	旧建設省都市局公園緑地課公園企画官
2001年	国土交通省国土交通政策研究所総括主任研究官
2004年	㈱都市再生機構本社業務第一部担当部長
2005年	中央大学大学院法学研究科公法専攻博士課程修了
	㈱都市再生機構本社東日本支社副支社長
2006年	㈶民間都市開発推進機構都市研究センター研究理事
2007年	宮崎産業経営大学法学部教授
現　在	東海大学法学部教授・博士（法学）（中央大学）

〈主要著書〉

『間接行政強制制度の研究』（信山社，2006）

行政規制執行改革論

2012（平成24）年2月10日　第1版第1刷発行

著　者　　西　津　政　信
発行者　　今　井　　　貴
　　　　　渡　辺　左　近
発行所　　信 山 社 出 版

〒113-0033　東京都文京区本郷6-2-9-102
　　　　　　　　TEL　03（3818）1019
Printed in Japan　　FAX　03（3818）0344

Ⓒ 西津政信，2012.　　印刷・製本／東洋印刷・大三製本
ISBN978-4-7972-2707-9　C3332

西津政信 著
間接行政強制制度の研究

行政規制の実効性向上を目的とする制度研究

間接行政強制制度及び秩序違反法制度についてその内容と海外での活用実績を明らかにする。これらの制度をわが国に導入することにより，行政規制，特に建設規制，土地利用規制，屋外広告物規制などの諸規制の実効性を向上させることができることを実証的に研究する。

信山社